2017 年 9 月，于兰接受大连电视台关于课程改革的采访

于兰在工作中

2018 年 5 月，于兰（左一）在北京进行《在线教研》直播

2018 年 11 月，于兰为大连市英语学科骨干教师进行题为"阅读教学中的自我评价与修正"的专题培训

2019 年 3 月，于兰在辽宁省命题培训中做题为"我们走在大路上"的专题汇报

2020 年 11 月，于兰为辽宁省农村地区骨干教师进行题为"评价促进学生成长实践案例"的培训

2020 年 12 月，于兰在大连市西岗区教育局干部例会上做作业管理经验介绍

于兰在课堂教学

于兰在辅导学生

于兰（左五）与学校
教师为"宅家学习"
的学生送书

于兰（左一）与大连市长海县教师交流

于兰（右一）与导师指导小组学生交流

于兰与学生在一起

于兰在教师节颁奖典礼上

于兰主持学校外语节活动

躬耕笃行
潜心育人

于 兰◎著

大连出版社
DALIAN PUBLISHING HOUSE

图书在版编目（CIP）数据

躬耕笃行　潜心育人 / 于兰著.—大连：大连出版社，2021.11
（2024.5重印）
ISBN 978-7-5505-1728-8

Ⅰ.①躬… Ⅱ.①于… Ⅲ.①英语课—课堂教学—教学研究—初中 Ⅳ.①G633.412

中国版本图书馆CIP数据核字(2021)第215487号

策划编辑： 杨　琳
责任编辑： 杨　琳
封面设计： 林　洋
责任校对： 金　琦
责任印制： 刘正兴

出版发行者： 大连出版社
　　　　　　 地址： 大连市西岗区东北路161号
　　　　　　 邮编： 116016
　　　　　　 电话： 0411–83620573 / 83620245
　　　　　　 网址： http: // www.dlmpm.com
　　　　　　 邮箱： dlcbs@dlmpm.com
印 刷 者： 永清县晔盛亚胶印有限公司

幅面尺寸： 170 mm × 230 mm
印　张： 15.5
插　页： 2
字　数： 240千字
出版时间： 2021年11月第1版
印刷时间： 2024年5月第2次印刷
书　号： ISBN 978-7-5505-1728-8
定　价： 59.00元

序

相信你一定行

丛春红

我是1999年到大连市第三十四中学担任校长的，当时的三十四中是一所规模较大的初级中学，教职员工120多人。在年轻教师中，正直向上、勤奋好学、不甘人后的于兰，很快引起了我的注意。不论在教室面对学生，还是在办公室与其他教师研讨，或是在走廊里与我相遇，她总是面带微笑。她的微笑中释放出的是对教育的热爱，对学校的归属感。

她是农民的女儿，朴实憨厚，没有社会根基，更没有什么靠山，但我确信这位年轻教师将来一定是一位出类拔萃的好教师。

在后来的工作中，无论是班级管理，还是学科教学，她都是出类拔萃的！她不仅踏踏实实从事教育教学工作，还乐于参与学校的科研实践。在学校开展的"三我"实践中，于兰进步很快，她的班级管理经验、课堂教学实践，都是可供别人学习的范例。她更是家长眼中的好老师、好班主任。每当家长见到我时，都不忘说一句"谢谢丛校长，孩子有一个好班主任，我们十分感谢班主任的付出和高水平的教育"。

后来，于兰调到别的学校做主任、副校长、校长……我一直关注着她的成长，也为她的进步感到由衷的高兴！

通过不懈的努力，于兰在专业成长的道路上得到了长足发展。她成为辽宁省学科带头人，成为大连市政府特殊津贴获得者，成为老师、家长、学生口中的好老师，这都是她用不懈努力换来的。这本书既是她的成长史也是有助于中青年教师成长的教科书，相信读者定会受益匪浅，从中得到启迪。

（作者系大连市第三十四中学原校长）

你的爱感染人

刘敬雯

　　认识于兰老师的时候，我还是一名新教研员，一晃十六年过去了，于兰老师也从一位小有名气的骨干教师成长为校长。我至今还清晰地记得自己当教研员后听的第一堂课正是于兰老师执教的英语课。课堂上她激情似火、表情丰富、亲和力极强，在她的眼中没有好学生与差学生的区分，每一个学生都像她手心里的宝贝。真实、自然的师生互动和融洽的课堂气氛很容易让你体会到平等、包容的内涵。

　　正如佐治亚大学心理教育系格林教授所说的，教学效果显著的老师对所教科目、教学和学生都抱有极大的热情。他们不断鼓励启发学生。他们知道自己不只是在传授知识，还在培养学生的态度。他们在改变学生的生活，帮助学生意识到自己的潜能。高效的教师在教学中都是兴高采烈的。对他们来说，教学是一门行为艺术，每一节课都是一次表演。不管他们是教一个学生还是五百个学生，高效的教师都力求做到最好。他们乐此不疲，对他们来说，教学不是烦人的事。相反，它是丰富学生知识、增强学生对该门课程的认识的一种难以抗拒的挑战。

　　于兰正是这样一位老师，对学生、对教学、对同伴始终充满真诚和激情。她在这本书中写到自己对学生的爱时说："你们都是我的宝。"她把每一个学生都培养成他们应该成为的样子。在学科教学方面，她融激情于英语课堂教学中，总是把教学提高到教育的水平上，让学生在课堂上学会知识，提高能力，开阔视野。她培养学生跨文化交际能力，真正帮助学生通过学习学会做人。同时她也是一位善于通过课题研究解决在教育教学中遇到的问题的老师。教学问题课题化助推着她的专业成长。在管理岗位上，她把"关注每一个，激励每一个，展示每一个，成就每一个"作为管理的恒定策略，她努力使每位老师、每位学生成为更好的自己。她面向全体师生的每一次讲话，都在传递一种力量，一种催人上进的力量！管理精细化，活动微创新，一切都为了教师的发展，为了学生的成长。

　　不论做主任、做副校长还是做校长，于兰始终没有忘记自己是一名英语教师，从来没有放弃教学研究和专业追求，那种乐此不疲的劲头总会感染很多年轻教师。有于兰老师的团队总会有"小荷才露尖尖角"，指导、带动、感染身边的教师实现专业发展总是那么顺其自然。作为全国中小学外语教师名师、辽宁省中小学学科带头人、辽宁省教育学会中小学外语教育专业委员会理事、大连市名师工作室成员，她积极参与各种教学交流活动，在各种教师培训活动中分享自己的教学研究成果。她对教育事业的热爱和对事业执着追求的精神，她对工作兢兢业业的态度，她在教学上不断进取、不断创新的精神，都为我们教师树立了很好的榜样。

（作者系大连教育学院教授）

自序

做教育的智者

我出生于 1968 年 5 月，中学高级教师，辽宁师范大学教育硕士。现为大连市第七中学校长，全国中小学外语教师名师，辽宁省中小学学科带头人，获大连市政府特殊津贴。我热爱教育，擅长研究，从教 31 年来，坚持在研究中教学，在教学中研究，取得了一些成就，也在实践中不断充实着自己，努力成为一名真正的教育人。

一、研究教学，做教学的能者

1990 年 7 月，我从大连大学师范学院英语系毕业，到瓦房店纺织厂子弟中学任教，并担任班主任。第一个学期我就利用业余时间对全班学生进行了家访。通过辛勤的工作，我赢得了学生的爱戴、家长的认可和领导同事的赞扬，并成为学校的教学骨干。1995 年，我代表瓦房店参加大连市英语教学技能大赛，获一等奖。此后又多次在瓦房店上英语教学观摩课。1996 年，我被调到大连市第三十四中学任教，走上了教学研究的道路。1998 年，我代表西岗区参加大连市英语评优课，获得一等奖，同年还获得辽宁省评优课大赛优秀奖。为了做学者型和研究型教师，2002 年，我考取了辽宁师范大学外国语学院英语教育在职研究生，攻读教育硕士。在严格、睿智的成晓光教授的指导下，我完成了教育硕士毕业论文《以学生为中心的初中英语课堂教学模式》，并顺利通过答辩。2004 年，我被调到大连市第六中学担任教导处副主任，在这里，我踏上了教学和管理的实践研究之路。2005 年，我作为优秀教师代表，被派往澳大利亚交流学习，三个月的国外学习经历，帮助我开阔了视野，加深了对教育的理解，让我更有信心和责任感，在教育教学研究的道路上阔步前行。2010年，我来到大连市第三十七中学，先是担任主管学校德育工作的副校长，后又担任主管教学和科研的副校长、工会主席等。在这一阶段，个人经验的积累、学校平台的高度，让我在专业成长方面更进一步。2010年，作为优秀教师代表，我参加了"国培计划——初中英语教师培训"，并代表国培班学员上汇报课，受到观课专家的好评。2013年，我被评为"第二届全国中小学外语教师名师"。2016年，我的课获评教育部"一师一优课、一课一名师"活动"优课"，我还参与了《交互多媒体环境下的读写教学》《交互多媒体环境下的英语教学资源的设计与应用》优课教研片的录制和分享。2018年，我在第三届全国基础教育信息化应用展示交流活动中进行了主题为"交互多媒体环境下的读写教学和文化交际教学的方法探究"的在线教研展示。

实践出真知。我一边钻研理论，一边总结教学中的经验，有5篇论文在省级以上刊物发表，多次获国家级和省市级奖项。经过多年的努力和实践，我形成了自己的英语课堂教学特色——融激情于英语课堂教学。教学经验收录在西南师范大学出版社出版的《名师讲述》一书中，专家们给予了高度评价。

我先后两次参与了大连市中考命题工作，参与了教育部关于中学英语学科学业水平标准划定的工作，还参与了大连市英语学科学业质量标准的编写工作。我多次受邀参与编写《英语导航》《英语听力练习》《初三英语专项练习》，还参与主编了科学技术文献出版社出版的《中考热点——英语总复习》。

我带领外语组开展的每年一度的"世界，你好"外语节已经成为学校的品牌节日，也成为大家学习的样例。

二、研究学生，做学生的良师

在教学中，我总是让学生在充满激情的课堂教学中轻松地学会知识，惬意地领略异域文化，充分地体验学习的快乐。我总是能从发展学生的自信和勇气的实践中培养学生的思维，让学生学会学习。毕业生真诚地说我是"最优秀的老师"。甚至有学生对学弟学妹们说："如果跟于兰老师学不好英语，就再也没有人能教好你了。"多年来，我教过的学生上了高中以后学得最好的科目还是英语，学生出国时均能顺利通过语言关。

减轻学生负担是优秀老师的另一个重要课题。我认为，学生课业负担重的客观原因是科目多，考试压力大，而主要原因则在教师。教师的教育思想、教学方法决定了学生的学法。要培养健康而杰出的高素质人才，不是不要分数，而是应该给学生创设一个宽松、愉快的学习环境，使他们用更好的方式，轻松自如地获得高分，并且从学习中收获快乐。我的课堂上总是充满愉快的笑声，学生在我创设的轻松氛围中学习语言，在体验中感悟语言，在我的激情调动下，体验学习语言的快乐。我认为，在课堂上已经学会和练会的内容课后就不需要再花时间，因此，我布置给学生的作业是常规性的、分层次的。学生的作业不多，但他们都通过完成不同层次的作业，达成了共同目标和差异性目标。跟我搭档的班主任说："于老师的功夫全在课堂上，她留的作业不多，但学生的成绩却最好。"

学校招收的外来务工人员子女英语基础很差，对英语学习没有信心。我采用多鼓励、课堂上特别关注、课后个别辅导等方式，坚持不懈，帮助这些孩子喜欢上英语，并逐渐学好英语。经过初中三年的学习，这些孩子从惧怕英语到喜欢英语，从字母都写不全到英语能考优秀，他们收获的不只是分数，更是取得成功的自信心。为此，报纸曾做了题为"她让农民工子女的英语顶呱呱"的专版报道。

家长称我是有"强烈的事业心和责任感、慈母般的耐心和细心"的良师。他们认为只要把孩子交到我的手中就放心了。如今我教过的学生们的孩子也已经上学了，他们依然把孩子带到我面前，希望我给他们的孩子更多的指点。

三、引领教师，做团队的导航

作为学校的管理者，我总是能带领教师们将教育教学中遇到的问题进行专题实践，将问题课题化，并努力将课题专题化，认真扎实地开展课题研究工作。我带领教师们认真学习大连本地教育家冷冉的教育教学理论，探讨如何运用情知教学理论，提高课堂教学效益。我曾三次代表学校在大连市冷冉教育学会课题研讨培训会上做大会发言，受到专家和领导的好评。我撰写的学校科研经验总结《践行冷冉教育思想，深化课堂教学改革》在《大连教育》上发表。

教研活动中，我总是毫无保留地将自己所学所思与组内教师交流探讨。我带领团队开展的初三英语复习研究和实践，形成"词—句—篇"的复习模式，在全市教研活动中展示，得到市教研员的肯定和赞扬。我和外语组的教师们共同探索适合小班化环境特点的英语课堂教学模式也已经成形，并很好地指导着外语课堂教学，为学校的外语特色教育打下扎实的基础。

我经常和年轻教师一起备课，一起研究学生，还给他们上示范课，鼓励他们，并与他们一起参加各种培训，每学期至少听上百节英语课，课后及时与教师交流。我还鼓励教师们大胆上研讨课、观摩课，并鼓励他们认真写教学反思，积极撰写教学论文。在我的鼓励指导下，年轻教师进步很快。我指导的教师教学设计多次获得国家级、省级教学设计一等奖。在我的带动下，我校外语组的教师们爱学习、会学习，更能将所学知识用于教学实践，在学校形成了一种团结协作、乐于研讨的高效教育教学氛围。

作为市名师工作室理事，我经常担任优质课评委，总是毫无保留地指导参赛教师。我指导的年轻教师获市评优课大赛一等奖，省评优课二等奖。我也多次参与大连市的送教下乡活动，无论是做课还是做讲座，均受到当地教师欢迎，还被评为送教下乡先进个人。

在大连市冷冉教育思想研讨会的做课现场，我两次被邀请作为专家进行评课。我还担任过"首届冷冉杯课堂教学大赛"评委，针对课例的点评材料被收编进《"情·知教学"研究的理论与实践》一书中。

我参与研究的科研课题《提高教师群体素质研究》获辽宁省"九五"教育科学优秀成果三等奖，《引领教师走专业发展道路》获辽宁省"十五"教育科学优秀成果三等奖，《教师专业化发展的研究》获辽宁省"十五"教育科学优秀成果一等奖。我主持的课题《综合素质评价对中小学生心理发展的影响的研究》在辽宁省结题，并受邀在结题大会上发言。我的个人课题《小班化环境下英语词汇教学的研究》也在 2010 年顺利结题，我也成为西岗区内个人承担市级课题的第一人。2015 年，我参与了大连市教育科学规划领导小组《初中国际理解教育特色建设研究》；2017年，我主持了全国"十二五"规划课题英语课程资源开发利用综合研究总课题组的《如何通过英语报刊阅读来提升学生的书面表达能力》，同年参与了辽宁省教育科学规划领导小组办公室《小班化环境下初中课堂评价策略研究》；2019年，我参与了辽宁省教育科学规划领导小组办公室的《区域指导下的基于核心素养的校本课程设计与实施研究》。目前，我正在主持开展大连市教育科学规划办课题《提高初中学困生学业质量的教学策略研究》的研究与实践。

因爱教育而无私，因奉献而收获。三十多年来，我从普通教师、区级骨干教师，成长为市级骨干教师；从参加"十五""十一五"的省级骨干教师培训，到参加国家级中小学骨干教师培训；"十三五"期间我被评为省学科带头人，"十四五"起始之年，我又获"大连市政府特殊津贴"。如今的我被聘为大连市英语学科名师工作室理事，成为大连市名师参训班学员。我先后多次被评为区优秀教师、区优秀班主任、区"十佳青年教师"、区学科带头人，并先后获得过大连市师德标兵、大连市优秀教师、大连市"一师一优课、一课一名师"先进个人等称号，获得大连市"五一奖章"。

成绩的取得代表过去的努力得到认可。我愿意一直秉承着"有教无类""一分耕耘一分收获"的教育理念，踏踏实实从事英语教育、教学管理等工作，努力把每一个孩子培养成他应该成为的样子。我愿意继续开拓，在新的高度上，带领团队扎实走教改之路，在前行的道路上与更多的教育智者相遇！

当然，在我成长的路上，一直有我尊敬的师长的引领，无论在学科教学上、在班级管理中，还是在学校管理方面，他们都能够在我需要的时候提供最适切的帮助。还有我挚爱的学生一路相伴，他们用信任和成长来证明我也是他们成长路上重要的人。我也要感谢我的家人，他们全力支持我的工作，爱人总是对我说："你是老师，先把学校工作做好。"儿子总是愿意用自己的进步来慰问辛苦工作的妈妈。

爱，信任，坚持不懈，一切都将更美好！

目 录

诲人不倦

兰心慧语

躬耕不辍

深耕细研

诲
人
不
倦

你们都是我的宝

　　我所任教的班里经常有学生提出换座位，理由基本上都是眼睛近视，看不清黑板；也有较少数学生提出的理由是原来的"老对"爱讲话，影响学习。但所有的学生提出调座位都是往前调，而没有愿意往后调的。提出的方式有的是学生本人直接找老师谈，有的是家长找老师谈，也有的是家长委托我的同事谈。我想大概家长们为了孩子的座位，甚至动用了"关系"。

　　作为老师，我有我的想法，对于要求换座的家长、学生，我尽量详细询问换座的理由，然后告诉他们，一个学生调座位会牵扯到几个同学，因为个子高矮不一样，学生的性格不一样，也因为学生的学习自觉性及学习成绩不一样。最后告诉他们让老师仔细想想是否调，以后再告诉结果。如果调，一定有调的理由；如果不调，也一定有不调的根据。我认为，学生学习成绩的好坏，并不在于坐在教室的什么位置，至于说"老对"的好坏，那要看学生自我调整的能力，看学生是否有抗干扰的能力。作为老师，我会对给别的学生带来不好影响的学生进行教育，但我更应该让学生认识到，班级的座位没有三六九等之分，让他们认识到成绩优秀的学生并不是得到优待才优秀，学习困难的学生不是因为座位不好而成绩落后，老师对每一个学生都是一视同仁的。

　　记得刚接这个班的前几次家长会上，都有些学习成绩较好的学生家长提出让他们的孩子坐在前排，而且他们的语气还理所当然，我当然不同意。于是我一遍又一遍耐心地解释为什么不能那样安排。原因一：有的成绩较好的学生个子矮，当然应该坐在前排，而那些个子较高的学生如果坐在前排就会挡住后面同学的视线，人家看不见黑板，那样岂不是损人利己？原因二：如果将学习较好的学生都排在前排，那么那些学习困难的学生就会坐在一起，因为他们自我控制能力差，所以扰乱课堂秩序的可能性就会更大，造成的后果是谁都听不好

躬耕笃行　潜心育人

课。原因三：在座的任何一个学生都是父母的宝贝，任何一个家长都望子成龙、望女成凤，但先天资质不同，导致学生学习成绩有差异，父母不会因为成绩的差异就对孩子失去希望，而作为老师的我，更不能向着"好学生"，而不管学习困难的学生，人为地将学生分等，并区别对待。经过几次深谈，现在极少有学生家长因为自己子女学习好而想调到前排了，至少他们不再找老师谈了。所以在我做班主任的班级里，学习较好的学生仍然分散坐在班级的各个位置上，而且他们的学习成绩也没有受到任何影响。

也有部分学生自己还没提出来换座位，我就给调了，主要有以下原因：两个学生坐在一块儿，学习成绩提高很慢，甚至没有提高，我便给他们换了座位，让学习成绩稍好一点的学生带一带，以帮助另一个学生尽快提高。也有的学生坐在后面，但发育得较慢，坐在前面的学生已经比他高了，那我就把这个学生调到前面，再把个子高的学生调到后面。而且班里一些更容易被老师照顾到的座位，我不是调给那些所谓的好学生，而是让给那些调皮的学生，这样老师能更快地发现他们的问题，帮助他们改掉缺点，等他们改掉缺点后，再将他们调走，将另外一个学生调过来，继续改正……

多年来，在班内，我从没有过按成绩排座位，也没有因为偏向哪个同学，而给他调最好的座位。

在我的班级内，同学关系和睦，学生们都在不断地进步，学习成绩较好的同学带动学习成绩较差的同学进步，学习成绩较差的同学也因为得到老师的平等对待，甚至可以说是照顾，更没有理由不进步。

由此我想，家长、老师、学生都不要把在教室内的座位看得太重要，有好的环境、好的座位固然好，但花房里的鲜花毕竟经不住风雨。作为家长，关注孩子的学习习惯、意志力更重要；作为老师，保证公平的教育更恰当；作为学生，学会与不同的人相处更快乐。

化毛毛虫成蝶

　　一只蝴蝶飞进窗口，美丽动人。但从一只毛毛虫变成美丽的蝴蝶，过程却是艰辛的。我们需要耐心地等待，更需要小心呵护。教育也是如此。今天我给大家讲一个"化毛毛虫成蝶"的故事。

　　"妈妈，你班那个学生家长又来电话了。"下班后一进家门，儿子就对我说。我知道一定是小辰的妈妈。连儿子都对她的声音如此熟悉，可见她给我打电话的次数之多。我快步走到电话旁，接过电话，刚问候了一句，那边就问："于老师，小辰在家能玩电脑吗？"接着传来了哭泣声，小辰的妈妈说不下去了。我问："怎么了，他又玩电脑了？"小辰的妈妈说："嗯，我不让他玩，他打我。"我马上问："他爸爸不在家？""嗯，出差了。"我说："那我马上打车去你家，你在家等我。"本来我想去训斥一下这个孩子，可他妈妈却急忙说："于老师，你千万别来。你要是来了，走后他还会打我的。"这可怎么办？于是我说："算了，让他玩吧，你别理他了。你出来散散心吧，到我家来，他不会知道的，我在家里等你。"

　　小辰的妈妈红着眼睛来到我家，进门后又开始掉眼泪，一边哭一边说："于老师，我生了个畜生，他真不是个人，我伤心死了。"我说："他的确太不像话了，你暂时先别理他，让他自己反思一下，我再找他谈谈。其他的事等他爸爸回来再说。"他妈妈说："没用的，他爸爸回来说几句就完了。都怨我，我不会教育孩子。"

　　其实，小辰的妈妈为孩子付出了许多许多，可孩子并不领情。比如，小辰做完的练习册从来都是由妈妈来批，批完后，还替他将错题抄在错题本上。本来该由孩子自己完成的任务，妈妈给做了，这是不对的，而孩子却认为是应该的。但小辰的妈妈也有她的错误：她每天都在孩子面前唠叨要好好学习，多看

　躬耕笃行　潜心育人

书，考高分。在她的潜意识中，孩子应该每时每刻都在看书，否则就不是好学生。长期唠叨的结果是孩子的逆反心理加强。他想趁爸爸不在家的时候多玩一会儿电脑游戏，可妈妈又执意不肯，所以，情急之下打了妈妈。

在学校的小辰也比较散漫，平时口无遮拦，与同学的关系也一般。记得有一次语文课上，语文老师就"母爱"这一话题向大家讲述了她的母亲独自一人供养她和弟弟上学的艰辛，同学们无不为之动容。可这时，小辰却说了一句不该说的话："再给你妈找一个呗。"这句话刺痛了语文老师的心，也惹得同学们对他很有意见。

说实话，班里有这样一个学生，我觉得挺惭愧的。家庭教育固然重要，但作为他的老师，我可能比他的妈妈更懂得一些教育方法，也更有责任教育这个学生、这个孩子，但首先我得改变他妈妈的做法。于是，我建议他妈妈暂时冷处理，最近不要再和小辰发生冲突，而且今后也要少唠叨，多给孩子一些自由活动的空间，不能以大人的思维习惯要求孩子。

做通了他妈妈的工作后，我又想，我该怎样教育这个孩子呢？"冰冻三尺，非一日之寒"，正面的说教大概不会起多大的作用的，只能找时机进行侧面引导。

机会很快就出现了。学校组织全年级学生下乡学农，按要求，学生自带行李。小辰的妈妈尽管不多与小辰说话，但认真细致地为他准备好了一切。到了住地，同学们都打开行李，开始铺床。当我一个个地帮忙，走到小辰的床边时，他无奈地问："老师，我的被怎么叠不好？"我一看机会来了，于是就说："哎呀，你带的床单、被套好漂亮呀，还那么高级！是自己打包装来的？""不是，我妈妈给我装的。""喔，让老师看看怎么了？"原来，他把被横放在被套里了，这怎么能叠整齐呢？于是我告诉他怎样才能将被放平，又帮他把床铺整理好。小辰笑了，我也笑了："怎么样，知道妈妈有多重要了吧？别以为妈妈在家里只会唠叨，妈妈能干着呢，没有妈妈，你连个被套都装不好！回家好好向妈妈学习吧。"小辰的脸红了，我猜他已经意识到什么了。

晚上就寝时间到了，我发现小辰没洗脚就上了床。"为什么不洗脚？""没有热水。"他回答。我说："自己去打。"他说："怕烫着。"我问："平时在家怎么办？"他说："妈妈给调。"我说："喔，原来小辰有那么好的妈妈呀！可今天妈妈不在，自己调，学着做，怎么样？咱们的学农活动又增加了一条——学调洗脚水，回家后，你可以向妈妈炫耀你会调洗脚水了！"小辰去调洗脚水了，并没烫着。

学农活动结束的前一天晚上，我把小辰叫到面前，问他："想妈妈了吗？"他说："想。"我问："想什么？"他说："不知道。"我说："今天好好想想，明天写一篇关于妈妈的日记，告诉她你想她了，告诉她下乡你都学会了什么。"孩子的日记我并没有看到，但他妈妈晚上打电话对我说："于老师，小辰的态度好多了，主动和我说话了，还写了篇日记给我看。"我也没问日记的内容，但我相信冰已开始融化。

临近期末的一天，小辰拿着三个本来问我问题，三个本上都抄着一些英语题。他告诉我这里都记录着他平时做错的题。我一看，字迹不是小辰的，就问："这题是谁给你抄的啊？"小辰说："妈妈。"我没言语，先为他把不明白的题讲完了，大约花了40分钟。讲完后，我对小辰说："你看，我为你讲解这些题花了40多分钟的时间，你妈妈需要花多少时间才能抄完这些题呀？而且，她还不懂英语，那就更难了。妈妈还需要工作，白天那么辛苦，晚上回来还要为你批改题目，还要为你抄题，你不觉得妈妈太累了吗？让你妈妈歇歇吧，往后做完的练习题自己照答案对一对，又快又准，错了的题，自己马上抄下来，这样还可以加深印象。"小辰同意了。

从那以后，还真的没有看到他的本上有妈妈为他抄的题。后来我想，孩子不是故意让妈妈抄题，只是他不知道哪种做法更好，又缺少老师的指点、家长的引导而已。

后来小辰的妈妈调动工作，或许是工作环境变化、压力增大的原因，小辰的妈妈病了。下课了，我走到小辰的跟前："听说你妈病了，怎么了？"小辰说："可能是工作压力太大，上火了，就病了。"看来孩子已经会关心妈妈了。

下午，班里评选区三好学生，我发现小辰也有一票。但我认出那是他自己的字，放学后，我对小辰说："今晚回家多陪妈妈说说话，妈妈太辛苦了，同时告诉她，你最近在学校表现很好，今天评三好学生还有人投你一票呢！"他不好意思地说："是我自己投的。""那没关系，你回家就告诉妈妈有人投你一票，让妈妈也为你高兴高兴。"他说："好。"第二天早上我问："怎么样，妈妈好点儿没有？"他说："好些了，今天早上去上班了。"我又问："你跟妈妈谈了吗？"他说："谈了。我妈可高兴了。但她猜到是你教我的，因为我平时没有这么好。"我趁热打铁："以后多和妈妈交流，学会让妈妈高兴。""好。"他愉快地走了。

有了一些改变的小辰也认识到自己对语文老师所说的话是错的了。于是，他拿来两本作文选，对我说："老师，我爸给我买了两本作文选，我想让语文老师帮我看看好不好。"我觉得这又是一个可以利用的机会，就高兴地对他说："亲自送给语文老师，让老师看看。"语文老师心领神会，当即留下这两本书说："很好，先借给老师看看。"得到了语文老师的原谅，他如释重负地笑了。

闲暇时想一想，哎呀，我已经有好长时间没有接到小辰妈妈的电话了，看来小辰变乖了。正想着，电话响了，是小辰妈妈打来的。这次小辰妈妈问："孩子最近在家很听话，不知在学校表现得怎么样？"我放心地回答："表现得很好，很懂事，学习成绩也很好，比以前提高了许多。"小辰妈妈说："真谢谢于老师，我儿子能变成今天这样，都是你的功劳。"从她有些激动的话语中，我分明听出了一个母亲的骄傲。

有一天晚上，我带领班里几个学生去听报告，希望家长也能陪孩子同去。当我带着几个同学要先走时，小辰却执意要先回家接妈妈一起去。我说你可以到会场里等你妈妈，但他执意不肯，最终还是回家和妈妈一起来了。看到他妈妈幸福的神情，我相信，以往的不愉快再也不会出现了，因为她的儿子已经会爱妈妈了！

小辰如愿考上了心仪的高中，当时我在澳大利亚学习，他的妈妈亲自打电话到澳大利亚告诉我这个好消息，让我也分享她的快乐。

高一的寒假，小辰妈妈又给我打电话，说孩子想见我。见面后，孩子告诉我："老师，我很长时间没有听到您跟我说话了，我想您，想听您教育我。"我也真的就在高中如何学习、如何与老师和同学交往、如何做妈妈的好儿子跟他唠叨了一个多小时。分手的时候，他如释重负，说了一句："太好了，我又知道该怎么做了。"

去年，小辰又如愿考上了南方的一所名牌大学，临上学前，他又来看我，告诉我："我要去上学了，我妈可以真正做她自己想做的事了。"

一年多了，我再没有见到小辰和他的妈妈，有一点点的失落，他飞走了。但我也很高兴，因为他已经化作一只美丽的蝴蝶，蓝天大地才是他的家。

教育需要等待，教师要有平常心。教师要成为皮格马利翁，会播种希望，相信每一只毛毛虫都会变成美丽的蝴蝶；会等待，明确教育规律，明确学生的成长规律；会用神来之笔，欣赏呵护每一个学生；会收获，收获蓝天下、花丛中美丽的蝴蝶和遍天下的桃李。

现在，我依然非常高兴，因为我的面前还有许许多多的毛毛虫，我仍在呵护，在等待，等待毛毛虫化蝶……

躬耕笃行　潜心育人

师爱呵护你健康成长

教师的爱像母爱一样无私，但比母爱更博大，因为教师要超越血缘关系去爱每个学生。作为老师，我追求把微笑和爱带进课堂，用爱滋润每一个孩子，让爱变得触手可及，让孩子在师爱的呵护下健康成长。

我的班里有这样一个学生，他在老师、同学面前从不说话。记得有次上英语课我让他起来读单词，他站在那里，非常焦急的样子，嘴唇动了一下，可全班却没有听到一点声音。我很不理解，一个正常孩子为什么不与他人交流呢？有一天，他的爷爷到学校来了，说是来了解一下孩子在校的情况，我告诉他："孩子在课堂上不爱发言，平时也不与同学交流，学习成绩也不理想。"他爷爷叹了口气说："唉，这孩子在小学基础就差，我回去再好好督促。"他的爷爷走了，可我想到了更多：为什么到学校来了解孩子情况的会是孩子的爷爷而不是父母？为什么孩子不说话？

带着这些疑问，我去他家家访了。他爷爷告诉我说，在家里，孩子只和爷爷有正常的交流，有话只愿意跟爷爷说。他爷爷很为难地告诉我："这孩子的妈妈是继母，人家从来也不说他。而孩子的父亲因为对孩子不满意，经常吼孩子，孩子就怕他，所以即使父亲问话，孩子的话也只是在嗓子眼里，说不出来。"我明白了：孩子不说话，不发言，是由于家庭环境使他患上了"恐惧症"，要解决这个问题，必须帮他从恐惧中解脱出来，而根治孩子"恐惧症"的良药是爱。于是，我便把孩子叫过来单独与他交谈。我对他说："孩子，老师很喜欢你，因为你很讲卫生，你平时穿的衣服都很干净，你爷爷告诉我这都是你自己洗的，这很好。可老师发现你平时不与同学交流，课堂上不爱发言，这样将来长大了怎么办，爷爷不能永远与你生活在一起呀。"他还是一句话不说。于是我对他提出要求：大声回答老师的问题，错了不要紧，只要能让老师、同学听见。他点头同意了。

不管是课堂上还是课后，我和其他科任老师给他以亲切的鼓励，让他开口说话，让他学会大声说话。一次不说，那就两次、三次。第一次一个词，第二次一句话，第三次两句话。就这样，师爱温暖了他的心，给了他大胆发言的勇气，他有了很大进步。他原来的小学同学说："以前从来没听过他说话，现在说话了，真了不起。"从未露面的父亲主动到学校里来了，并且态度非常诚恳地对我说："在孩子小学时医院曾经给孩子做过检查，说孩子的智力有问题，所以做父亲的有些恨铁不成钢，斥责打骂使孩子变得唯唯诺诺，胆怯沉默，话也不敢说了。现在看到老师这么负责任，为了孩子的前途着想，做父母的更应该积极配合老师，多给孩子一些温暖和爱。"

经过两年多的共同努力，就是这个孩子，在学校举办的"小百灵"大合唱比赛中，放开嗓门大声唱了大家听到的他所唱的第一首歌——学校校歌；就是这个学生，在班级召开的"走进营养餐"的主题班会上，手举一个苦瓜，面对着前来观摩的领导、老师、同学们大声说："苦瓜清心又明目。"

一个孩子变了，我也明白了：把爱心变成孩子能接受的行为鲜明地表现出来，不厌其烦地反反复复地传达给他，孩子就会在爱心的呵护下健康成长。

躬耕笃行　潜心育人

你的成长有我陪伴

缘 起

我所在的学校，一些家庭对孩子的教育指导不够到位。学生没有人生目标，甚至没有明确的近期升学目标。没有目标的学习只能是"当一天和尚撞一天钟"，平时完成学习任务也只是在老师的要求下不得不完成而已，至于为什么要完成，如何完成得更好，怎样完成才能真正提高自己的能力，学生们没有思考或者思考得很少。老师们每天陷入无休止的批和改之中。他们认为自己不需要花大量时间备课，因为即使花费了时间，学生也不一定有收获。我在进行课堂观察的过程中，发现教师的课堂就是以讲为主，没有教法和学法的设计，教师讲完就算完成任务，至于学生没学会多少，教师认为等到课后辅导再一点点解决吧。

学校学生人数少，教师可以进行有针对性的指导。我们决定开展"人生导师"一对一指导活动，要求所有教师都加入导师行列中，在选择指导学生时，让信息、历史、体育教师优先选自己的指导对象，然后是语数外物化科任教师，最后没有被选择的学生平均分给校长、书记和年级主任进行指导。后来经过调查，发现每位科任教师选择的学生基本都是他们心目中的目标生。我很欣慰，我也相信这项活动会开展得很好，一定会有效。

第一次亲密接触

年级主任将需要我指导的学生名单给我了，并且告诉我，年级第一名也在我的指导名单之内。我很惊讶他们为什么把这样一个学生留给我指导。主任跟我说，这个孩子有主见，虽然成绩挺好，但老师们不待见他，因为他情商太低。我大概了解了我需要指导的学生情况。

何同学：学习成绩非常好，外地户口，中考的目标学校是一中。有一个姐姐，四川绵阳师范学院毕业，刚刚找到一份工作。父母在市场卖旧货，家住甘井子，上学和放学需要换乘三次车。平时的学习全靠自己，不参加任何辅导班，因为父母负担不起学费。他的人生理想是做一名 CEO（首席执行官）。

陈同学：学区内学生，享受指标到校。他的升学目标是十一中。平时参加课外辅导。人生理想是做一名篮球教练。

孙同学：学区内学生，父母离异，妈妈是铁路列车员，因为工作原因，顾不上照看孩子，平时是姥姥照看。她的升学目标是二十高中，原因是她家在二十高中附近有房子，上学和放学安全。人生理想是做一名心理咨询师。

杨同学：人生理想是做一名电竞游戏解说员。自认为理科思维很好。升学目标是铁路中学。

邵同学：外貌特别——白皮肤，浅色头发。人生理想是做一名演员。升学目标是五中。

孩子们很真诚，在第一次接触中，我获得了这些信息。但我可以确认的是：所有的孩子都会发生变化，因为我确定他们都具有可变性，没有改变不了的。

升学目标的调整

依据他们的成绩和个人能力情况，我初步判断，何同学的升学目标定低了，因为以他现在的学习成绩，即使不用努力，也能够考上一中。所以我跟他分析，虽然他不享受指标到校，但以他的能力完全可以考进育明高中，而且育明高中很适合他，因为育明高中有住校生，他完全可以选择住校，这样就会省去日常在学校和家之间往返的时间，还可以为他的父母省去更多的时间，用来照顾生意，更重要的是，进入育明高中后，他有机会参加竞赛培训，有机会进入更好的大学学习，这样他未来的前途会很不一样。他同意了，由最开始的有一点点怀疑，到后来的坚定不移，升学目标最终确定为育明高中。陈同学的升学目标也低，以他现在的成绩，稍微努力一点就可以实现目标，而他的能力还有更大的发挥空间。于是我跟他分析去十二中的好处：离家近，接近他的能力，而且未来高考的升学情况可能会更好。其他三名同学成绩稍低，我认为他们设计的目标比较合理，就鼓励他们朝着自己的目标学校努力。

书写标准的提高

当他们第一次交给我他们填写的包括目标学校、目标分数及期望得到的老师帮助的表格时，我发现他们填得太差了。首先是不认真，他们没有认真对待这张表格，没有认真思考就填写，填写的内容也不符合要求。其次，他们的字写得实在是太差，只有何同学和孙同学的字能看明白，其他三人字迹混乱，内容没有逻辑。我把他们五人召集到一起，先指导他们怎样把自己的想法按照要求表达清楚，然后评价他们字写得太差，需要重新再写一遍，这次要求逻辑清晰，字迹工整。当表格第二次交上来的时候，每个人的逻辑基本清晰，字迹有很大改观，孙同学写得最好，而且明显看出来她是练过书法的。这让我再次相信，他们是可以改变的。

日常习惯的改变

每天巡视的时候，我都会特别注意观察他们五个人的表现：听课是否认真，自习时能否合理安排时间、自主学习。每当发现问题，我都会在第一时间找他们指出问题，告诉他们改变的方法。平时我也会经常与年级主任、他们的科任教师沟通，发现他们的进步，及时表扬；发现他们存在的缺点，及时指出来。

循着榜样的足迹前行

何同学是年级的尖子生，在成绩方面，年级中他的前面没有榜样了，单纯说教效果不一定好，我要为他找到学习的榜样。恰巧在办公室的文件柜内，我找到一本以前的毕业生的数学习题整理本，共整理了43道题。我想这些题目应该都是典型题，刚好何同学数学不够好，难题的解答能力不好，我就把这个本子给了他，告诉他这是一名考上北大的学生的习题册，让他看看人家工整的字迹、认真的态度，好好向人家学习。另外我要求他先研究这些题目，研究完之后，有不明白的找老师请教，也希望他在本子上补充前面没有的题型，以自己的名字开篇，希望他能成为后面同学学习的榜样。

学会学习

一个周一的早晨，孙同学将自己做的阅读理解题放到我的办公桌上。我发现她做了五篇阅读理解题，但做题时不够认真，因为有很多细节理解方面的题目她都做错了。我认为她做题时阅读次数不够，专注主要信息的能力不足，虽然只有一道题目属于推理判断题，但她对文本的理解不深入、不透彻，因此判断有误。我对她提出的要求是：做题时专注主要信息，做不到的话，多读几遍。对她来说，学会思考的方法更重要。另一个邵同学将默写的单词内容拿给我看，我一看没有任何批和改的痕迹，当我问他为什么，是希望我给批吗，他居然回答"是的"。我知道对于这个孩子的学习还有太多的工作要做。我慢慢让他了解：练单词这样的事需要他自己完成，我要看的只是他练习的过程。对他来说，学习观念的转变更重要：学知识、长本领是自己的事情，老师只是帮助学生成长得更好。

作为学生的导师，我有更多的时间与学生亲密接触，我可以抓住更多指导学生的契机，对他们进行心理辅导、生活指导、学科辅导。做学生的人生导师，成为学生人生路上的重要引路人，一切都是值得的。

躬耕笃行　潜心育人

让我牵起你的手

人物描述

晓梦，初二年级的女生，长相甜美，与人沟通没有问题。我平时经常看到她在走廊内帮助老师清点作业份数，课堂上爱讲话，不学习；科任教师反映她什么都不会，连乘法口诀表也背不住，写出来的字没有人认识。

初次接触

一天，在走廊内，我随机找学生询问对墙壁电视中展示的内容有什么想法："你看了电视中展示的各个高中情况，都了解了吗？"学生回答说："内容没看全，知道一些。"我又问："你希望自己去哪所高中呢？"学生回答说："我还没想好去哪所学校。"我后来与年级主任交流这件事，主任问了一下学生的样子，猜想应该是晓梦，而且告诉我，晓梦是年级成绩最差的学生。

第二次接触

我去班里听课，发现晓梦不但不听讲，而且还多次与后面同学讲话。我没有说话，只是用眼睛瞪她，当我们的目光对视之后，她坐正了身体，但几分钟后她再次回头与同学讲话。下课后，我把她叫到身边，严肃地问："你为什么不听课呢，是老师的课不吸引你吗？"她回答："是的。"说实在话，我也对老师的课不太满意，所以她这样回答，我也觉得没话说。于是跟她说："课堂上不允许影响别人。你自己练字，练习古诗文背诵都行。我会继续观察，如果再有影响别人的行为，不可以！"她返回座位时满脸的不高兴。下节课，我接着在这个班听课，这次晓梦整节课都没有回头跟后面同学讲话，但我不知道她在做什么。下课我又看了她一眼，心里有点后悔，不该当着同学的面批评她。

下午我和数学组进行大组教研活动。在活动中，大家有共同的感受——学生的计算能力太差，这对学生的成绩影响很大，我们需要做出改变。在大家讨论的过程中，初二年级数学老师说，有个别学生不会背乘法口诀表，其中就有晓梦。我当时就承诺：晓梦的乘法口诀表由我负责监督背诵。

亲密接触

下午放学的时候，我找晓梦谈话，首先问她乘法口诀表会背吗，她说会的，我随机考了几个，她真的会背。这说明老师的判断是错误的，他们误以为她不会。于是我问了她的理想，她说："开公司。"我再问："什么样的公司？"她说："网店，实体店。"我说："这是三个概念，你弄清楚自己要开的到底是什么了吗？"她说："开实体店。"我又问她："具体卖什么？"她说："卖钥匙扣，我自己会做。"还跟我描述了一下做的方式。这期间的对话，她说得非常清晰，根本不像一个智商低的孩子。我又问了她父母的职业，她告诉我父亲是铁路货运司机，母亲是负责送快递的。然后我说："未来即使你自己开店也需要交养老保险，你知道需要有初中毕业证才可以办养老保险账号吗？"她好像不知道。我又说："以你现在的成绩拿不到初中毕业证，那就意味着你可能办不了养老保险。"接着我又说："你是我来七中之后第一个采访问话的同学，当时我以为你是一个不错的孩子，我一直认为自己对学生的判断能力是很强的，怎么会判断错呢？我不希望自己是个笑话，所以我希望你展现真实的自己。"她点头同意。我开始提出要求：期末考试语文考及格。她说能做到。然后我又说："听其他老师们说，你的字写得都认不出来，是吗？这样的话，你需要练字。"她说："我练字了，你看，在墙壁上贴着呢。"我说："带我看看。"她的科任老师把一部分同学的字贴在墙壁上，她很自豪地把自己的字指给我看，我一看，字写得非常认真、清晰、整洁。我说："这字写得不错，但跟旁边这位同学的字比起来，有什么不一样？"她说："没有顿笔。"我再问，她说不出来了。我再引导她："你当时写字时一定很认真，下笔很重，但是对字的结构不够熟悉，所以有些生涩；再看看旁边这位同学的字，他可能跟你付

躬耕笃行 潜心育人

出了同样的努力，但因为熟悉字的结构，所以很流畅，看起来很舒服。当然了，他可能练了五年的字，而你只练了几天。你再练一周，下周把你写的小楷拿给我看，我相信你一定会有很大的进步。"接着我又提出期末考试总分达到200分的要求，她有点为难，我说："你语文考90分，其他三科加起来考110分，能做到吧？"她说："可以。"我又问她："你们班同学喜欢你吗？"她说："一般。"我问："你知道原因吗？"她说："不知道，他们都不愿意搭理我。"我告诉她："女孩应该做到秀外慧中，你已经有了'秀外'，只不过这是你父母给你的，你有了样貌的美，可是其他同学不是很愿意接近你，原因之一应该是他们了解你的学习成绩，又感觉你是自己不努力，他们应该是不喜欢不努力学习的人吧。如果你的成绩属于中等，可能喜欢你的同学会更多，如果你成为尖子生的话……"我的话没说完，她说："那就会有很多同学围着你转。"我说："也许会是那样，但我相信同学们一定喜欢努力上进的人。"最后我说："咱们好好努力，把学习成绩提高，不是为了让别人喜欢你，而是为了自己的尊严。"我还说："等你学习成绩提高了，你需要送我一个礼物——你做的钥匙扣。"她愉快地答应了。第一次亲密接触顺利结束。

远远地望着

在接下来的日子里，我巡视时会多看她一眼，跟她的科任老师们交流时，会多问上几句，告诉他们我看到晓梦的变化，希望他们给予她更多的关注和鼓励。

我通过语文老师了解到，晓梦的小楷练习天天过关，都能被展示出来（班级规定只有教师检查合格的小楷才可以在墙报中展示）。第二周的周一，她把自己的小楷拿给我看，我认为有很大进步，但是笔画的练习还差些，只有"民"和"人"两个字的笔画比较规范、准确，我让她加强对笔画的观察，在写字的时候加强这方面的练习，也许会有更大的进步。

又一周后的周一，晓梦拿着自己的小楷来找我评价。这次她用笔的力度轻了很多，字写得也很顺滑，但字体还可以再进步。当时在走廊上，刚好遇见了年级主任，是美术老师，我说："来，让专家对你的字进行专业的指导。"晓梦当时没有表现出很期待的样子，我猜想可能的原因是日常她并没有得到主任更多的表扬。主任看到她的字后只是说了一句"听说了，最近有进步"，然后要求孩子抄写语文范文，期待考试有用。周二早上，晓梦又拿了一份小楷给我看，这次的字更好，进步幅度更大。我告诉她："小楷不需要再检查了，你的字已经可以排在年级前几名了，我下一步要看的是你的学习成绩。"她马上说："语文考90分，其他学科加起来110分。"这说明她的脑中对我的期待有清晰的记忆，她知道自己要努力的方向。同时我确定她更愿意因为自己的努力而得到我的肯定与鼓励。

晓梦已经初中毕业了，她去了一所自己喜欢的学校学习面点制作。

躬耕笃行　潜心育人

写　字

2020 年 12 月 20 日下了冬天的第一场雪。全校学生下午间操时间都到操场玩雪，堆雪人，滚雪球，玩得很高兴。

12 月 23 日，学校的门卫师傅将操场上的积雪清理到大杨树下，间操还没开始的时候，有部分学生到树下踩雪玩。作为校长，我在间操结束的时候，对全体学生进行教育：雪被清理到树下的时候，我们就不应该再去踩了，应该让雪安静地融化，成为大树的甘泉。结果下午间操时间又有三名学生踩雪，我把他们叫到面前，询问为什么这么做。结果他们都说知道这是不对的，但是就想踩一下，看看后果会怎样。于是我让他们把事情的经过写一下，然后交给我看看记叙得如何。

结果第二天交上来的时候，一名叫小赫的学生，写的字我根本看不懂，于是我从标题开始教他如何写字。标题是三个字"我错了"，我发现这个孩子不会基本的笔顺，不能很好地安排字的结构。"我错了"三个字我教了大约 10 分钟，然后让他回去重新写余下的部分。结果他没写，说是没有时间，我问他："写完这些字需要多长时间？"他告诉我："需要一个小时。"我猜想他应该认为写字很困难，写完这些字需要很长时间，而且他对时间没有概念，所以就说"需要一个小时"。我说："那么只写三行给我看看再说。"他很快完成了三行的内容，我一看，有很大的进步，至少这些字都可辨认。于是我要求他回家后把全文写完，第二天再给我看。当我第二天再看他的内容时，几乎可以辨认全文了，只是有的字明显写错了，有的是不会写。于是我说："我来教你写，好不好？"他回答："不好。"我问："为什么？"他答："我不想耽误校长宝贵的时间。"我说："我有时间，我愿意帮你，你愿不愿意学？"他说："愿意。"

我们来到空教室内，我花了大约 20 分钟，将他在文章中写错的字、不会写的字、结构不正确的字、比例不合适的字，一一纠正。我先给他示范，他再照着写，几个字练完之后，我说"这个字你先试试"，结果他自己可以很快独立完成，而且写得很好，这说明这个孩子很聪明，观察能力很强。我要求他周末回家把语段再抄写一遍，我下周检查。刚好教室内有一名老师，我说："帮我们拍张照片留作纪念，作为我们成为师徒的证明。"那名老师问："这是您的第几个弟子了？"我说："这是我教写字的第二个弟子。"孩子听着这些话，心里应该是温暖的，因为他是校长的弟子了。

在期末考试的时候，年级主任跟我说，小赫的考试卷从来没有出现过这么漂亮的字。考试成绩出来了，他的成绩有很大的进步，这一切都是因为字写得更好了。现在，他已经是一名"自主学习能力强、悟性高、有前途的好学生"（老师评语）了。

礼　物

有人说，礼物是为了表达祝福和心意而赠送的礼品。我与三名学生相处不足四个月，毕业时收到了他们三份特殊的礼物，礼物中包含他们最温馨最美好的心意。

一面锦旗

一名考上八中的学生——冯同学，她的家长给我送来了一面锦旗，上面写着"赠大连市第七中学于兰校长：师魂动天，鞠躬尽瘁，无私奉献，功在千秋"。家长说，感谢我的付出，让孩子有一个光明的前途。她不知道用什么来表达她激动的心情，希望锦旗能够说明她的心意。

冯同学性格外向，乐于参加校内外活动，但家长害怕孩子参加活动会影响学习成绩，因而阻挠孩子参加活动。每当冯同学不能参加学校活动的时候，就会情绪低落。了解到这种情况，我与她的家长沟通，让家长明白：孩子的个性特长得到充分发挥会对其成长甚至是学习成绩带来重要的影响。家长的观念转变了，冯同学高兴了，学校的各项活动中又有她的身影了，学习成绩也逐步提升了。

一个书签

小何同学是我的导师团队成员。导师团队组建时，他是一名学习成绩不错的学生，但是其他老师都不愿意做他的导师，老师们认为教育他太难了。我成了他的导师之后，对他寄予厚望，帮助他树立更高远的目标，帮助他改正自负的缺点，抓住机会帮助他在老师和同学心目中树立更好的形象。在升学考试前，小何的身旁总会围绕一些同学——他在耐心地给同学讲题。老师们也说小何变了，变得可爱了。升学考试结束了，他的成绩很理想。来学校领取毕业证的时候，他给我送了一份礼物，里面装着一个本、一个书签。我想他一定是希望我在读书、记录的时候能想起他。

一个沙漏

小杨同学也是我的导师团队成员。他的学习成绩并不是很好，升学考试的成绩也不高，他只考上一所普通的职高。日常我跟他说得最多的话是把字写好，因为最开始认识他的时候，他写的字我无法辨认。我帮助他提高语文成绩，因为无论何时，恰当的表达都是必需的。到学校来取毕业证的那天，他拜托教导主任把礼物转给我。我打开礼物，发现那是一个沙漏，上面有"致青春"三个字，里面还有一份赠言："校长老师：谢谢您帮助我，我会永远记得您的话——把字写好，把语文学好。"

这是三份特殊的礼物，送礼物的人、他们送礼物的方式、他们的礼物都让我很有感触：每个孩子都知道感恩，他们会用他们认为最纯洁的方式表达对老师的感谢。作为老师，我觉得能得到这样的肯定，付出再多也值得。

老师，我为您颁奖

教师节，是教师的节日，学校的学生们都想用一种特殊的方式祝老师节日快乐。在 2020 年的教师节，我们创新形式，举办了主题为"浓浓尊师意，款款爱生情"的学生为教师颁奖活动。学生为老师颁奖，对老师说说发自心底的敬佩与感谢，也让师生情谊缓缓流淌在校园。

本次颁奖活动由学生为自己最喜爱的老师设计奖状，撰写颁奖词，并在典礼上亲自为最喜爱的老师颁奖。工整的字迹、精美的插图凝聚着同学们对老师的爱。对老师的声声祝福是孩子们心里最质朴的呼唤。

七中的老师虽然数量不多，但在孩子们的眼里，可是别具风采，各有独到之处。"最魅力四射的老师"无须过多的表达，伫立在三尺讲台上就能成功吸引同学们的目光；"最认真负责的老师"一言一行都让同学们感受到他们教书育人的责任感；"最和蔼可亲的老师"给同学们家人般的关怀，用温暖的笑容和恳切的叮咛陪伴孩子们一路成长；"治学最严谨的老师"虽偶尔严厉，但对知识的一丝不苟的态度却恰恰成为同学们向往的样子；"知识最渊博的老师"是孩子们眼中"行走的资源库"，同学们在老师的指引下打开一座座知识的大门，探索未知世界；"最低调勤恳的老师"终日在自己的岗位上默默奉献，同学们看在眼里，记在心里。为师生打造整洁、安全校园的保洁阿姨、门卫、保安师傅们，今天我们也向"护苗使者们"道一声："您辛苦了！"当老师们结伴走上红毯，从孩子们手中接过奖状，听着孩子们发自心底的颁奖词时，那份喜悦和荣耀是独特的，是难忘的。浓浓尊师意，款款爱生情，师生间的感动蕴含在拥抱中、微笑中，久久环绕在校园，也环绕在每个人的心间。

在这个属于老师的节日里，器乐队、合唱队的孩子们用清脆的笛声、欢愉的合唱和活泼的舞蹈，为老师们送上诚挚的祝福。舞台上，孩子们尽情歌舞，展示艺术才华；舞台下，老师们欣慰微笑，愿孩子们茁壮成长。

　　孩子们以一首《致老师》将拳拳盛意送给老师，而老师们则以《做七中人，我们是幸福的》遥相呼应。老师，一个普通的名字，薪火相传。责任是七中老师肩负的使命，日常教学是七中老师从不懈怠的环节，教书育人是七中老师共同的信念。雄浑的嗓音，澎湃的激情，七中师生的欢呼声响彻校园。

　　在七中校园里，每个人都在努力和付出。面对困境时，我们从不畏惧；迷茫时，我们互帮互助；收获时，我们倾情共享。感恩每位七中老师的付出，感谢每位七中家长的支持，感激每位七中学子的拼搏，更要将诚挚的谢意送给日夜守护七中安宁的劳动者！做教师，我们是幸福的；做七中的教师，我们此生无悔。

躬耕笃行　潜心育人

兰心慧语

青春 梦想 拼搏

尊敬的各位老师、亲爱的同学们：

早上好！

今天是 9 月 30 日，是中国烈士纪念日。在今天这样一个特别的日子里，让我们永远牢记是无数先烈抛头颅，洒热血，才换来中华民族的独立，才换来新中国的诞生。今天党和国家领导人将同各界代表一起，在天安门广场向人民英雄敬献花篮。作为中学生的你们，在这里缅怀先烈的丰功伟绩。是他们，用保家卫国的坚定信念；是他们，用战死沙场的大无畏精神；是他们，用自己的身躯和血肉，筑起了国家和平、安宁的坚强堡垒，奠定了中华民族伟大复兴的基石。今天，我们用一首《我和我的祖国》表达我们对先烈的缅怀，表达我们对祖国的热爱，表达我们向先烈学习的决心。

今天的运动会上，我们会展示我们正在享受的美好生活，告慰先烈英灵；我们会在比赛场上奋力拼搏，展示我们坚定的信念；我们会在比赛过程中发扬"友谊第一，比赛第二"的运动员精神，展示我们团结的意志；我们会在对手取得好成绩时，热烈鼓掌，展示我们赞美他人的胸怀。未来有一天，当祖国需要我们的时候，我们定会像无数先烈那样，为了国家，为了民族，为了正义，甘愿抛头颅，洒热血，展现大无畏精神。我们还要保证做到：无论我们走到哪里，都流出一首首赞歌，无论何时何地，我们都分担着祖国的忧愁，分享着祖国的欢乐！

老师们、同学们，明天是中华人民共和国成立 70 周年，将在北京举行盛大的阅兵式，还请各位老师、各位同学届时认真观看阅兵式，感受国家的强大，

躬耕笃行　潜心育人

体会民族的自豪，坚定民族复兴的信念，同时深刻认识到，今天的我们只有刻苦学习，掌握本领，才能在祖国需要的时候，挺身而出，贡献我们的智慧和力量！

最后，预祝大会圆满成功！

（2019 年 9 月 30 日在学校体育节开幕式上的讲话）

平安是最美的期盼

亲爱的同学们：

大家好！

2020 年的春节是特别的，合家团圆的喜庆气氛因为疫情有了特别的味道，充满各种期待的寒假因为疫情有了特殊的安排。前方的白衣天使、奋战在一线的各行业人员，甚至还有你们的父母或家人，他们在守卫我们的安宁。作为一名中学生，你现在能做的就是管理好自己，不给别人添麻烦，不给国家添乱。作为一名七中学生，你要有自己的计划和措施，相信大家有责任，有担当，有关爱，有信心，定会度过一个平安、特别而有意义的寒假。

1. 你和家人都健康吗？

健康是这段时间重要的话题。健康的身体可以抵御疾病的侵袭，健康意味着平安，因此，每天向你的老师报一次平安，这是非常重要的。

2. 你每天锻炼身体了吗？

寒假计划中，体育老师有明确的指导，如何坚持锻炼身体，现在受疫情的限制，我们只能在家中锻炼，体育老师会有具体的视频指导。坚持锻炼身体是保证健康的重要手段。

3. 你按时完成每天的作业了吗？

寒假计划里，老师们设计了详细的作业任务，你每天按要求完成了吗？特殊情况下，你有足够的时间思考和研究，把作业完成得更好也是应对疫情的好态度。

4. 你增加额外的学习计划了吗？

因为特殊的疫情，你"宅"家的时间更多，原来的其他安排不能进行，你

躬耕笃行　潜心育人

需要增加额外的学习计划，最近非常多的名校教育资源可以免费观看、学习，你应该好好利用这些资源充实自己。平时没时间看的书、没机会看的电影，都可以成为这个特别的寒假对自己的奖赏。

5. 你乘车返回大连时做好防护了吗？

春节期间我校有 49 名学生在外地，当你们回大连的时候，乘坐任何交通工具都需要按照国家要求做好防护。回大连后，请在家里自行隔离，确定安全，再与外人接触，做到保护自己，关爱他人。

6. 你"宅"家能管理好自己吗？

今天是春节后上班第一天，有的同学父母上班了。你需要独自在家，你一定要记住学校日常进行的安全教育，特别是寒假前安全教育的内容，管理好自己，安排好自己的活动内容，做一个让父母放心的好孩子。

7. 你会提醒家人外出防护好自己，回家保护好家人吗？

在这个特别的时期，所有人都应该尽量减少外出的次数，确实需要外出，一定提醒家人保护好自己。回家后提示家人洗手，通风，保持距离。

8. 你跟导师互动了吗？

在这个特别的寒假里，学校各年级成立了导师指导小组，导师们对你的学习和安全一定在不间断地提醒，你对老师们的关怀和指导应该有及时的回应，因为这不仅是让老师了解你的状况，同时也是老师们在用实际行动教会你如何与人交往。

9. 你乐意参与抗击疫情的宣传吗？

在特殊的时期，因为有了便捷的通信工具，我们也可以为奋战在一线的白衣天使、各行各业的人们送上我们的祝福、鼓励与支持。我们也可以通过特别的设计为自己加油。校团委已经发出号召，请同学们积极参与，在活动中发出我们的声音，展示我们的热情。

10. 你能够把这个特别的寒假经历记录下来吗？

这个寒假是特别的，不仅仅是因为有特别的疫情，我们需要"宅"在家里，还应该有其他更为深刻的思考。也许你们还小，思考不会太深刻，但你们可以把听到的、看到的、感受到的，都详细记录下来，也许未来，这段经历将成为你人生中的关键。

我们的国家，我们的城市，我们的教育局，我们的学校都在全力以赴战胜这次疫情，大家一起加油，相信我们一定能赢！祝福武汉！祝福祖国！祝愿每个人平安！

（2020 年 2 月 3 日致全体学生的一封信）

经历　改变　成长

各位七中的教师、学生及家长：

大家好！

今天是 2 月 27 日，这个漫长的假期已经接近尾声。虽然教师和学生还不能像以往一样走进学校进行面对面的教育教学，但是我们已经做好了充分准备，开启一种别样的开学模式。2 月 24 日，全体教师已经进入工作状态，教工大会、教研活动、网上模拟课堂，一直在进行。2 月 26 日，全体班主任和部分科任教师已经和学生们在"乐课"网上见面了。今天，全体班主任还将和学生们在"腾讯会议"上共同分享每位同学的学习计划。2 月 28 日，我们将运用"腾讯会议"召开网上开学典礼。3 月 2 日，我们将通过"乐课"网平台开启网上学习模式。这一切，都是因为特殊的疫情，我们不得不做出改变。疫情是严酷的，影响是真实存在的，我们应该用怎样的心态，做出怎样的改变，才能把疫情中看到的、经历的变成我们学习的材料，把这段特殊的时期变成我们拔节成长的契机？我想跟大家分享几个观点：

一、经历是机会

在这个特殊的寒假里，我们经历了什么？

"宅家"是为国家做贡献。我们不能上前线，我们不能亲自到社区服务，我们宅在家里就是为国家做贡献，这是从来没有的经历。所以，特殊的情境，就有特别的使命，作为一名公民，遵从国家号召，不给别人添麻烦，就是最大的贡献。

平安是最美的期盼。"平安是福"这句话，在这个特殊时期更有其特别的含义，无论你是在大连，还是在外地，家校都要紧密联系，每日报平安，这是每个人的牵挂，更是每个人的期盼。

新闻中英雄辈出。我们崇尚英雄，在这个特殊的情境下，我们身边的医生、护士就成了我们无限敬佩的英雄。他们的责任意识、他们的职业精神、他们的舍小家为大家的无私，都将成为深埋于我们内心的英雄情结。

网络信息的甄别。互联网为我们展示了无穷大的世界，海量的信息有真有假，这个特别的时期让我们学会了甄别获取真实信息的渠道，我们知道了传播谣言的危害，我们正慢慢学会批判性思考。

家校间密切的交流。寒假本来是教师回归家庭的时间，但是疫情的特殊性让老师们迅速回归工作状态，每天了解学生的健康状况、追踪学生的行程，家校联系更加紧密。教师和家长共同关注着孩子的学习、健康，共同参与着孩子的成长。

全新的开学模式。我们已经开启新模式学习的尝试，教师当主播了，学生学习资源丰富了，家长和孩子一起参与课程学习了。海量的学习资源，多维的学习模式，随时的一对一指导，我们该怎样适应，怎样让学习效益最大，还需要不断地调整工作方式。

二、改变是选择

面对特殊的情境、特殊的要求，我们必须做出应有的改变。

遵守规则是必须的选择。宅家是遵守规则，出门戴口罩是遵守规则，按时报平安是遵守规则，按时参加网课学习是遵守规则，按时上交作业是遵守规则。

诚信是根植于内心的基石。真实上报自己的信息是诚信，严格遵守规则是诚信，兑现承诺是诚信，独立完成作业是诚信，独立完成测试是诚信。

责任是种在心底的种子。教师备好课、上好课是责任，班主任每天联系学生报平安是责任；家长监督孩子按时上网课是责任，监督孩子每天按时完成作业是责任；学生每天按时上网课是责任，按要求完成任务是责任，不给别人添麻烦是责任。

自觉成为必备品格。制订个人学习计划是自觉，按时上网学习是自觉，按规则完成任务是自觉，坚信自己能学好是自觉，网络学习时远离电子设备

躬耕笃行　潜心育人

是自觉。

和谐成为最高追求。母慈子孝是和谐，尊师爱生是和谐，爱护花草树木是和谐，远离野生动物是和谐，尊重规律是和谐，维护生态平衡是和谐。

三、成长是目标

有人说"经历了，就成长了"。这个阶段的特殊经历将成为我们人生重要的记忆。

人生经历的丰满。疫情的突然来袭，我们需要面对，需要适应，需要反思，需要做出改变，我们在经历中成长。

网上授课能力的提升。老师们不想当主播，不想当网红，但是我们必须学着适应新环境。我们需要学习新技术、新方法，需要筛选海量资源，需要科学设计作业，采用新方式检测、评价，需要指导学生应用新技术学习。学生们需要学会上网课，学会网上互动，学会网上规范提交作业。

自主学习能力的形成。网课铺天盖地，真正的学习还要靠学生自己，只有目标明确，计划妥当，高度自觉，严格自控，才是自主学习应有的模式。

亲子关系的建立和延伸。家长终于有足够的空闲时间可以与孩子一起学习，一起锻炼，一起与教师交流，甚至一起参与网课学习，一起完成任务。深度的参与可以见证孩子的成长，了解教师的作用，理解家校合作的必要。

老师们、同学们、家长朋友们，七中是我们共同的家，虽然暂时我们不能在学校见面，但是网络为我们搭建了见面的通道，让我们通过网络紧密联系，按时报平安，按时上网课，按要求完成任务。虽然这是一个特殊的时期，但我们需要用平和的心态，用信任的态度，用积极的行动来构建家校间、师生间、亲子间和谐的生态。

气温正在攀升回暖，花草正待破土生长，疫情正在逐步转好，冬天即将过去，春暖花定开，我们相约：待到疫情结束时，我们校园见！

敬祝各位春安！

（2020年2月27日致全体教师、学生及家长的一封信）

自信　自律　共赢

各位老师、同学们：

大家好！

今天是我们计划的召集日。因为特殊的疫情，我们将新学期的开学典礼安排在今天举行。这样安排的目的是通过这种方式检验所有的同学是否已经进入开学状态，检验学校网络会议的运用状况，检验学生运用网络平台参加会议、参与学习的能力。通过今天的检验，发现问题我们可以再调整，确保3月2日开学后能够一切正常运转。所以在今天的开学典礼过程中，请技术保障组成员，请教导主任，请各位班主任注意发现会议运行中的问题，会后我们汇总、解决。

寒假中，我给同学们写了一封信，主题是"平安是最美的期盼"，希望你们平安度过特殊的寒假；昨天，我又给全体教师、学生和家长写了一封信，主题是"经历，改变，成长"，希望我们能够正确认识、理解疫情，能够在改变中成长。心理老师也给同学们写了一封信，主题是"积极投入，让我们长出力量"，希望同学们用积极投入来缓解心理焦虑，在特殊时期，让自己变得更坚强，更勇敢。校团委还发起了以"成长，感悟"为主题的倡议活动，同学们用自己喜爱的形式充分表达我们对"爱，责任，规则，诚信，生命，梦想"的理解。以上这些内容我们已经单独发给家长和学生，同时也在知校平台上发布。

现在我们已经进入开学状态，对于开学前的准备，在昨天的信中已经有说明。我今天主要想谈谈我们的培养目标，我们要成为什么样的人。

我们的培养目标是：把七中学生培养成"有自信，有好习惯，会合作"的合格中学生。

躬耕笃行　潜心育人

一、什么是有自信？怎样才会有自信？

自信就是自己相信自己。挺胸抬头是自信，眼神坚毅是自信，面带微笑是自信，声音洪亮是自信，敢于表达是自信，侃侃而谈是自信，敢于辩论也是自信。

苏轼说"腹有诗书气自华"，就是说一个人如果学识丰富，见识广博，就会不由自主地呈现自信的气质。所以，我们要多读书，读经典，读名著，读文史，读教材，读教师推荐材料。

古人说，将军额上能跑马，宰相肚里能撑船，说的是宽容他人，而宽容的基础就是有足够的自信。这就要求我们不断地强大自己，具有积极乐观的态度、完善自己的信心、谦虚学习的意识、感恩他人的胸怀。同学们，抬起头，让自信成为我们的生活方式，让自信成为我们的行为习惯。

二、什么是有好习惯？怎样养成好习惯？

好习惯就是做有益于自己、有益于他人、有益于社会的事，并长期坚持，直到成为习惯的行为。有人说"好习惯一定成就大未来"。作为中学生，我们应该养成健康生活好习惯、文明礼貌好习惯、诚实守信好习惯、勤奋学习好习惯。新的学期，学校将出台学生好习惯细则，开展好习惯星级评比和表彰。但是养成好习惯需要有坚定的信心，有自律的意识，有坚持的毅力，有外在的监督，还要有榜样的引领。

奥维德说过，没有什么比习惯的力量更强大。好习惯让我们更受欢迎，好习惯让我们更有效率，好习惯让我们受人尊敬，好习惯让我们拥有更美好的人生！同学们，让我们手拉手，肩并肩，互相监督，互相学习，养成好习惯，拥有好人生。

三、什么是会合作？怎样才能会合作？

合作是指个人与个人、群体与群体之间为达到共同目的，彼此相互配合的一种联合行动方式。古语说："独脚难行，孤掌难鸣。"合作就像我们需要用双脚走路，双手干活一样，我们的学习、生活处处需要合作。有专家指出，"21

世纪的成功者将是全面发展的人，富有开拓精神的人，善于与他人合作共处的人"。从现在开始，我们需要树立"团队大于个人"的意识，相信团队的力量远大于一个人的力量，将自己融入团队之中，在团队中奉献、分享、成长。

合作需要确定共同的目标，建立相互间的信任，遵从基本的规范。在团队合作中，我们应该保持谦虚，欣赏他人；有包容心，尊重他人；善于沟通，乐于分享；有担当，肯负责；诚信待人，热情付出。同学们，让我们共同努力成为团队中那个受欢迎的人。

3月2日，我们就开学了，虽然我们的开学模式有点特别，我们的学习方式有点新鲜，我们的互动有点间接，但一点也不影响我们养成好习惯的决心。

有人说："自律的孩子一定是今年的赢家。"我非常赞同这个观点，自律的学生严格执行自己的学习计划，严格控制自己的欲望，不会因为疫情影响自己的成长。网上教学期间，老师们慎重地选择教学内容，科学地设计教学活动，精准地配备作业习题，在不增加学生负担的前提下，争取对学生进行"一对一"的指导。初三的同学们，中考时间不变，再有108天，你们就将迈入中考的考场，你们的家长、你们的老师更着急。隔着屏幕，隔着距离，原来需要老师面命耳提的学生，会让人更担心。有人说："不懂自律的孩子，受疫情影响最大。"中考，对每个考生都是公平的，这个时候就是要考验自控自律能力，看谁能更高效地利用时间。因此，我提议：跟上老师的节奏，克服网上学习的局限，用坚定的信念、超强的自律意识，以一个积极向上的考生模样，迎接考前的每一天学习、每一场测验！

最后，祝愿七中的每位同学平安，健康，网上学习顺利！待到疫情结束时，我们校园见！

（2020年2月28日在学校云开学典礼上的讲话）

躬耕笃行　潜心育人

我相信相信的力量

同学们：

今天距离中考还有 66 天，学校选择在今天开会是希望我们七中的 62 名同学在中考中六六大顺。

中考，是你们人生的第一次重大考验，中考的结果很可能将决定你未来的人生方向。每位同学都确定了目标，都有努力的方向，而且从开学到现在，我感觉得到，每位同学都对 66 天后的中考充满信心。所以，今天，我想跟大家说的是"我相信相信的力量"。

我们要相信自己：我们的目标一定实现，因为我们会付出 66 天的努力。66 天，我们可以把忘记的知识捡回来；我们可以把不会的知识弄明白；我们可以熟练地、准确无误地完成试卷基础部分内容；我们还可以将难题分解，一点点啃掉；我们的成绩可以一次比一次提高；我们可以证明，七中 2020 届所有的孩子都是优秀的！

我们要相信老师：他们是最敬业的、最有爱心的、最乐于奉献的，也是最专业的！按照老师的要求去做，你一定会成为最好的自己！

我们要相信学校：以我为代表的学校一定为同学们提供最好的学习氛围、最有效的教学管理、最得力的后勤保障、最前沿的中考资讯、最有权威的学科辅导！

我们要相信家长：他们是世界上最爱你的人、最关心你的人、最在乎你前途的人，也是直接享受你成就的人，他们会为了你的中考付出你需要的一切！

我相信同学们：一定会踏实努力，不断提高成绩，在一模考试中，呈现我们阶段努力的结果，在中考成绩出来后，收获我们共同努力的成果。

我相信老师们：一定会发挥你的专业水平，尽己所能，帮助 62 个孩子和家庭在中考后展露笑脸。

　　我相信家长们：一定会与学校携手，在这 66 天里，把孩子的升学放在第一位，做好后勤保障，完成老师布置的任务，九月，高兴地把孩子送进理想的高中。

　　老师们、同学们，当我们目标明确，充满信心，付出足够的努力，我们一定会有满意的收获！我期待中考结束后，在这个校园里，我们共同庆祝！

（2020 年 5 月 12 日在中考倒计时 66 天的讲话）

心中有目标　脚下有行动

亲爱的 2020 届同学们：

　　大家好！

　　因为疫情防控的需要，我们通过线上方式召开一场特殊的毕业典礼。首先，我代表学校向各位同学表示衷心的祝贺，祝贺你们顺利完成初中学业，即将开启新一段学习历程。

　　我跟大家相处的时间不算长，去年 10 月 8 日，我来到七中，我们共同度过了九个月时间。在这九个月中，我们共同经历的一桩桩、一件件，必将成为我们共同珍藏的记忆。忘不了去年秋天，我们共同玩树叶的情形，你们起初的胆怯、茫然，到后来的欢悦，"好"字的创意；忘不了冬天里的第一场雪，师生共同堆起的雪人，你们合力滚出的雪球；忘不了新年联欢会上你们的精彩表演；忘不了疫情期间你们按时打卡，与老师共同开启网课新模式的情景；忘不了你们在一模考试后不服输的表情；忘不了临近考试时你们稳定的状态。我看到了你们的进步，也陪伴着你们成长。

　　如今，你们已经完成了初中三年的学习，相信每位同学都有不同程度的进步。你们是幸运的，在七中，你们遇到了最负责任的、最具爱心的、最乐于奉献的老师们。你们是懂得感恩的，你们理解老师的付出和辛苦，你们尊重老师的劳动，你们也会用在七中养成的好品德回报社会。

　　本来为大家设计了特别的毕业典礼，但因为疫情的原因，我们的毕业典礼只能在线上进行。作为校长，我代表学校向大家郑重承诺：母校永远为你们保留现场参加毕业典礼的机会！欢迎你们再次回到校园，重温美好时光！

　　从今天起，你们就是七中的校友，作为校长和你们的老师，我想对大家说说我的期望：

做个有明确人生目标的人。目标是激励人前进的力量源泉。有了明确的目标，才能够调动潜力，才能够创造最佳成绩。心中有目标，脚下才会有行动。

做个有自信的人。自信源于底气。"读万卷书，行万里路"是让你有底气的方法；向高人学习是让你有底气的方法；善良，敢于担当是让你有底气的方法。

做个有好习惯的人。所有的成功人士都有好习惯。坚持已有的好习惯，发展需要的好习惯。有目标，有恒心，你就一定是有好习惯之人。

做个会合作的人。现代社会需要会合作的人。"单丝不成线，独木不成林"，大家都理解合作的重要性。无私、分享、奉献、担当是合作的必备品质。愿你做一个乐于合作、会合作且别人愿意与你合作的人。

同学们，你们虽然离开七中的校园了，但七中的老师们会永远关注你们，关注你们的成长，关注你们的成就，当然，若你们遇到困难了，七中老师依然是支持你们的力量！记得有机会常回母校看看！记得与老师分享你们的成长和快乐！

（2020 年 7 月 17 日在初三云毕业典礼上的讲话）

躬耕笃行　潜心育人

致敬更加美好的初中生活

尊敬的各位老师、亲爱的同学们：

下午好！

今天的天真好啊！太阳不晒，温度适宜，我们选择这个时间举行开学典礼正好！

今天62名原初三毕业生已经坐在高中的教室里，在今年的升学考试中，他们交出了令人满意的答卷，15%的同学达到600分以上，初三（3）班的升学总分平均分达到593.8分，全校的平均分和及格率都达到了历史最好水平。今天我们又迎来了66名初一新生，你们是七中新的面孔，也是新的力量，相信你们在七中能够享受到期待的美好校园生活，也相信你们会为七中贡献不一样的力量！现初三的同学们，你们现在是全校的焦点了，学校会把更多的时间和精力倾注到你们身上，也期待你们为学校争得更高的荣誉！现初二的同学们，你们是学校的中坚力量，学校更多的活动和责任需要你们承担，相信你们一定会不负众望，为七中贡献初二年级的力量！

今天我们开学典礼的主题是：致敬更加美好的初中生活。那么，什么是美好的初中生活？我认为主要包括以下四点：

一、校园环境整洁优美

在全体老师和同学的努力下，我们的校园环境在干净整洁的基础上，开始变得越来越美。我们教室的地面已经更换，在七中的教学楼内再也没有到处是沙砾的水泥地面了，我们的走廊文化墙已经更新，教师的风采、学生的面貌、课程的成果都有展示的舞台。感谢学校的各位老师、各位同学，感谢学校的保洁、保安及门卫师傅们，还有我们部分同学的家长，是大家的共同努力，才使得我们的环境这样整洁和优美。美好的校园生活由大家共同创造，我希望七中的每一个人都能为校园环境的整洁优美做出自己的贡献！

二、教师专业敬业

教师的专业是指有专门的学问，对本学科教育了解得非常透彻。我们七中的教师群体中有省级学科带头人，有市区级骨干教师，有区特色教师，有即将被聘任的区兼职研训教师。七中的老师是敬业的，他们有爱心，有奉献精神，对待学生像对待自己的孩子一样；他们乐于奉献，为了学生的成长，他们愿意付出所有的努力。因此，七中的学生是幸运的，你们拥有能指引你们健康成长的良师。请为他们鼓掌，表达你们的感谢！

三、学生自信，有好习惯，会合作

自信的七中人——

挺胸抬头，站得直，行得端，走得正；

敢于表达，声音洪亮，大方得体；

勇于担责，敢于承认错误，知错就改；

坚持不懈，勇于克服困难，走向成功。

有好习惯的七中人——

按时到校，着装整洁，谈吐文明，遵守校规校纪；

尊敬师长，见到老师、长辈主动问候，从不顶撞；

团结同学，智慧化解与同学的矛盾，温文尔雅；

深刻思考，敢于质疑，会倾听，善表达，巧记录。

会合作的七中人——

在合作中扩充知识面，取长补短；

在合作中真诚交流，智慧分享；

在合作中增进友谊，结伴前行；

在合作中换位思考，与人为善。

希望每位七中学生都能够成为一个有自信、有好习惯、会合作的合格中学生，一个具备核心素养的国家建设者和接班人。

躬耕笃行　潜心育人

四、课程有特色

在七中，我们的课程理念是超越。超越自己，超越历史。学校在国家课程、地方课程的基础上，开设富有特色的校本课程，学校的器乐、舞蹈、合唱课程，让你从零基础到能在舞台上自信展示，这是超越；学校的跳长绳课程，让你感受力量与合作的完美契合，在默契的合作中超越自己，超越历史；3D打印课程让你在老师的带领下，感受科技的力量，享受创作的喜悦；来到七中的每个学生都是宝贝，学校努力实现"人人有课程"，只要你有兴趣，你有特长，你有需求，学校一定会为你开设专门的课程，帮助你迈向更广阔的舞台，真正实现课程育人。

那么，如何致敬呢？

首先是尊重，敬畏。面对干净的走廊墙壁、崭新的教室地面、光滑的课桌、漂亮的文化展板，你应该怀着敬畏之心，尊重它们的美好，用心呵护它们、关爱它们，需要你远远地欣赏就绝不近距离地指指点点，需要用爱心抚摸就绝不用利器伤害。老师的辛勤付出，需要你付出相同的努力来回应，老师的指导和教育需要你用心领会，用行动改正。

其次是享受，创造。学校的活动课程需要你全情投入，认真参与，在活动中超越自己，享受参与的乐趣，感受成功的快乐。无论在学习中，还是在课堂上，我都希望你是那个爱问问题的学生，是敢于尝试、敢于表达的那个自信的学生，每次做事的时候，都在原有的基础上变化一点点，让事情的结果更好一点，让自己更强一点。这就是超越。

2020年是不平凡的，我们经历了严重的疫情，但我们也战胜了疫情；我们经历了线上课程，但我们也学会了线上线下的融合；我们看到了自然的威力，但我们也明白了人必须与自然和谐相处。同时我们也应该明确：我们应该与自己和谐相处，珍惜生命，珍视生命的价值，学会自我调节，让生命之花绽放得更精彩！我们应该与他人和谐相处，人与机器的差别就是人际关系。我们在与他人相处中感受自己存在的价值，感受互助的快乐，感受世界的美好。

同学们、老师们，让我们共同努力，让七中成为我们生命中一个美好的存在，一段美丽的记忆，一个想常回来看看的地方！

最后，感谢今天回母校来看看的丁宁和龚子平同学，感谢再次来到学校的冯志卓家长！祝愿你们一切美好！

（2020 年 9 月 1 日在学校开学典礼上的讲话）

做雷锋式好少年

尊敬的各位老师、亲爱的同学们：

下午好！

58年前的3月，毛主席提出"向雷锋同志学习"。半个多世纪以来，雷锋精神鼓舞和激励了无数的青年、少年，他们身体力行，追求自己的理想信念，实现人生价值。今天是新学期开学的第一天，我们提出"新学期，新形象，做雷锋式好少年"，我们到底该怎样做呢？

第一，做一个对人民有用的人。雷锋把"对待同志要像春天般的温暖"作为自己的座右铭。在他短暂的一生中，在他走过的地方，凡是对国家、对集体、对人民有利的事情，他都自觉积极地去做。那么我们该怎样做呢？在学校，我们应该尊敬老师，尊重老师的付出，课上做一个认真学习的学生，课下做一个认真完成作业的学生；敬畏老师给你提供的每一次展示机会，无论做什么样的展示，一定认真准备，精彩展示。我们还应该关爱同学，初中与同学在一起的三年是人生中最难忘的经历，我们应该珍惜每一次小组活动、每一次团队比赛，在团队中找到自己的位置，为团队做出应有的贡献！在团队中，还要帮助支持同伴，向雷锋那样对待同伴"像春天般的温暖"。在家里，我们应该孝敬长辈，尊重他们的意见，真诚地与他们交流，做一个让父母信任、放心的孩子；同时我们还应该成为父母的得力助手，帮助他们做些力所能及的事情。在社会上，我们应该严守规则，乐于助人。无论身在何处，我们都要遵守规则，不给别人添麻烦；当别人遇到困难的时候，我们要伸出热情的双手，提供力所能及的帮助。我们是社会中的一员，我们会得到他人的照护和帮助，我们也应该像照护和帮助自己的人那样，全心全意为他人服务。

第二，做一个有好习惯的人。"勤学苦练""艰苦朴素"是雷锋的好习惯。在军事训练中，雷锋有着"达不到标准，决不罢休"的意志。在学习中，雷锋相信：只要努力学习就能获得成功。在日常生活中，艰苦朴素是他一贯坚持的作风。那么，我们该如何养成良好的习惯呢？我们应该有树立明确目标的好习惯，无论做什么，都先设定完成任务的明确标准，然后付诸行动，勤学苦练，不达标准，决不罢休。我们应该有团队合作的好习惯，一滴水只有放进大海才永远不干，一个人只有把自己融入集体才有力量。在团队中互学互助，不断地提高完善，当目标实现的时候，我们一起庆祝，一起欢呼。我们应该有艰苦朴素的好习惯，我们不追求"牌子"，我们追求干净整洁，我们不追求"奇特"，我们追求青春阳光，我们不追求"大餐"，我们追求营养健康，我们不追求设施设备一流，我们追求物尽其用。我们还应该有时刻自信的好习惯，自信需要有底气，我们应该在不懈的学习中增长知识，在不断参加活动的过程中提高能力，在日常行走中昂首挺胸；在活动展示中，声音洪亮，逻辑清晰，有感染力；在与人交往时，相互尊重，自信表达，礼仪规范。

第三，做一个坚持不懈的人。毛主席曾说过："一个人做点好事并不难，难的是一辈子做好事……"雷锋做好事，为人民服务，绝不是靠一时的热血和激动，而是坚持不懈，始终如一。我们也应该这样，明确自己要干的事，确定目标，坚持不懈地努力，直到目标达成。我们学校的培养目标是"有自信、有好习惯、会合作的合格中学生"。学校的各项活动，老师的所有合理要求，课堂上的学习，课后布置的作业，都是为了这样一个明确的目标。每位老师在日常工作中会成为学生的榜样，每位同学在三年的学习中会互相学习、真诚合作，家长也会成为支持我们的力量，相信经过三年的初中生活，当你迈出七中校门的时候，一定是一位内心充满自信、英姿飒爽的阳光少年。今年的初三毕业典礼上，初三的同学们将用你们的成绩来回报学校对你们的培养。我们期待每一位同学的成功！

躬耕笃行　潜心育人

老师们，同学们，新的学期已经开始，让我们用崭新的形象，以雷锋同志为榜样，坚持不懈地关注每一个，激励每一个，展示每一个，成就每一个！不断地超越，不断地进步，让七中成为教师愉快工作、学生快乐成长、家长放心满意的家门口好学校！

谢谢大家！

（2021年3月2日在学校主题升旗仪式上的讲话）

拼尽全力，向前冲

尊敬的各位老师、亲爱的同学们：

上午好！

今天是 6 月 15 日，距离 6 月 26 日中考还有 10 天时间，初三在校时间还有 6 天半。我们在这样一个特别的日子里，举行一次特别的主题升旗仪式，为自己鼓劲，为建党 100 周年献礼。

我们生在一个美好的时代。再过 15 天，就是党的生日，建党 100 年。我们是幸运的，我们正在经历和见证建党 100 年的美好，我们见证了我们的国家正在不断完善和发展，正在不断地强大。同学们，到 2049 年新中国成立 100 年的时候，你们正是 40 岁左右的年纪，正当壮年，你们将是建设国家的中坚力量。建设富强、民主、文明的社会主义现代化国家需要有坚定的信念，有扎实的知识，有过硬的技术，更要具备合作能力、创新精神的劳动者，今天的你们必须做好充分的准备，不断地完善自己，到那时，你们才会自信地站在各自的岗位上，为国家，为社会贡献自己的力量。

我们为未来做好准备。对初三的同学们来说，最近的未来就是 10 天后的中考，还有 10 天时间，我们在基础方面还会提高很多分数，充分利用这 10 天，我们可以把所有学科的基础知识再过一遍；充分利用这 10 天，我们可以做到基础知识不丢分。今天初一初二的学弟学妹们在为我们加油，他们送上了最美好的祝福，同时也给予各位初三学长学姐最高的期盼。6 月 11 日，全体初一同学参加跳绳考试，全部达到 A 等，祝贺你们！明天，初二同学也即将参加立定跳远考试，我相信你们也一定能够用最好的成绩回报利用端午假期陪伴你们训练的领导、老师和家长。10 天后的中考，我和全体初三老师会陪同每位初三学生进考场，相信你们一定会用最满意的答卷回报自己九年的付出、家长

躬耕笃行　潜心育人

的陪伴、老师的教诲。我相信，初三的同学们，你们一定会成为学校的骄傲，成为学弟学妹的榜样！

我们在超越。有位专家把我们的超越教育解读为"超越昨天，做更好的自己"，我们学校在一天天变化，我们的校园环境、我们的设施设备、我们的文化建设、我们的校内外活动，还有我们的学习成绩，都在一步一个台阶不断提升，所有这一切变化都离不开全体教师的付出、每位同学的努力。每位老师、每位同学，都希望自己所在的学校更优秀，自己在学校的工作更幸福，学习生活更快乐，这一切都要靠大家来创造，只要每位老师能成为最好的自己，每位同学能成为最好的自己，我们的学校就会成为最美好的七中。

谢谢大家！

（2021年6月15日在初三主题升旗仪式上的讲话）

帮助孩子度过愉快假期

尊敬的家长：

假期的意义在于能让学生在近五个月的集体学习之后有机会让个性和才华获得更好的培养和发挥。假期对于学生来说非常重要，作为家长，帮助孩子度过一个愉快而充实的假期就非常重要。

前几天，我在学校面向学习程度不同的孩子进行了问卷调查，内容分为四个方面，主要想了解一下孩子们对即将到来的暑假有什么样的期待。我们来听听孩子的想法：

你希望这个暑假如何度过？一次短途旅游，有时间做自己感兴趣的事，阅读书籍，适度休息，对薄弱学科有针对性地补习。

你希望在假期中家长都做些什么？一起旅游；无压力的陪伴；给我一些自由的空间；一起放松看电影；一起享受美食；适度监督我的假期生活，学习放松两不误。

你想在假期提高自己的哪些方面？薄弱学科补漏，优势学科加强；体育锻炼；发展自己的爱好与特长；练字；提高独立生活的能力——做饭、收拾家、洗衣服等。

你最不喜欢这个假期如何度过？宅；全部被补习安排满；作息时间和上学的时候一样，没有充分休息。

这都是孩子们真实的想法，各位家长认真想想，孩子们说得有道理吗？我认为非常有道理。因此我给出下面的暑假建议：

1. 练字。所有学科老师在中考阅卷后反馈，字影响总成绩。我们有过对比，语文和英语作文字写得好但内容表达一般的和字写得不好但内容表达好的，最后得分一样多。中考有要求——把字写规范，练字是最简单的提分方法，而且不需要任何辅导费，我们为什么不改进呢？因为字丢分，将是终生遗憾。

2. 查漏补缺。利用假期把差的学科补上，不补，这将永远是漏洞。

3. 预习。预习就是对新学期的学习有准备。大家都知道"有备而来"，所以任何家长都不希望你的孩子"无备而来"吧。

4. 珍惜"亲子时光"。舍得在孩子身上花时间，但要智慧地花。如果你不知道怎么做更好，多向别人学习，听听班主任老师的意见和建议。

5. 培养孩子的"雅趣"。支持孩子在爱好方面多花精力，让他们在有机会独处的时候能够享受独处的时光。

6. 帮助孩子发展特长。特长会帮助你的孩子在通往成功的路上多条路，高中、大学特长生招生力度很大。

7. 多读书。"读万卷书，行万里路。"书中可以解答孩子对世界的疑惑，书中有孩子想知道的人生道理。如果家长可以和孩子共读一本书，你一定会有不一样的收获。强烈建议家长试试。我希望下学期会有家长跟我分享你们亲子读书的收获。

40多天的假期，很长，很自由，能做很多事，学生和家长要好好计划这40天。在以往开学的时候，都会出现几个因为假期太放松、开学后不爱上学的孩子，玩游戏把自己身体玩垮了的孩子。每当出现这样的孩子，我认为最惹人气愤的是家长——他们太不负责任了。我希望40天后的9月1日，你能送回健康阳光的学生。

最后，祝愿各位家长和您的孩子假期愉快！

（2019年7月18日在家长会上的讲话）

做七中老师是幸福的

尊敬的老师、亲爱的同学们、家长朋友们：

你们好！

今天很特别，因为今天我过节。今天很特别，因为今天我得奖了！今天很特别，因为今天我有魅力了！相信在座的各位老师跟我一样，心里都美滋滋的。

今天是第 36 个教师节，我本人经历了 30 个。今年的教师节是特别的，不仅因为我得奖了，我收到花了，更主要的是我感受到幸福了！

今天，我知道我是一位学生喜爱的老师。看到那么多学生想为我颁奖，看到你们的颁奖词，拿到你们精心设计的奖状，我很感动，我觉得我所有的付出都是值得的。

今天，我知道我是一个有成就的校长。因为我们学校的每位老师都是学生喜欢的，今天每位学生的表现都是令人惊艳的。我们学校的每位保安、保洁、门卫师傅都是敬业的。

谢谢你们，老师们，你们专业敬业的态度让我欣慰，能与你们共事，是我的确幸！你们的爱心、你们的耐心、你们的微笑、你们的每一句"校长，放心吧，没问题"都让我心生感激，我知道，你们把学校当成了家。

谢谢你们，孩子们，你们可能没有殷实的家境，但是你们的朴实、你们的真诚，更让人欣慰！能做你们的老师，是我的福分，因为能把你们培养成理想的样子，我更有成就感！每天见面时的一句"校长好"让我发自内心的喜悦，我知道，你们在成长的路上又迈进了一步。

谢谢你们，保洁、保安和门卫师傅们，你们是七中的家人，你们不计报酬的付出，你们的汗水、你们抢起的扫帚、你们弯下的腰，都是在保障学校的安全运行。你们的一句"没事啊，校长，应该的"，让我觉得有你们真好！ 我

躬耕笃行　潜心育人

知道，你们真的把学校当成了家。

谢谢你们，家长朋友们，你们是七中坚强的后盾，有了你们的支持，学校更加有力量！你们的孩子更加前途无量！

今天是全体教师的节日！所以，我们为全校教师颁奖！优秀的教师是学生喜爱的教师，全校180名学生为老师们设置了七个奖项——最魅力四射教师、最知识渊博教师、最低调勤恳教师、最和蔼可亲教师、最治学严谨教师、最认真负责教师、护苗使者团队。同学们合作构思的颁奖词、精心设计的奖状表达了他们感恩的心。一名同学跟我说，这次颁奖典礼让师生关系更和谐，他们觉得很荣幸，有机会为老师颁奖，当然他们也希望老师们会珍藏他们的奖状。这张奖状可能是我们教师生涯中获得的最特别的一张，这次红毯之行也是一次特别的行走，老师们一定会像教育自己的孩子一样关爱学生的成长。

汪国真在诗中说："让我怎样感谢你，当我走向你的时候，我原想收获一缕春风，你却给了我整个春天。"老师，谢谢您，让学生的心灵沐浴花香，让这个世界多一份永存的爱意。

今天，我们感恩有人为我们守护安宁，我们感谢有人陪伴我们成长，我们感动每一次躬身付出都有可喜的收获，我们更敢于承担我们应该承担的责任！

老师们，在这个属于我们自己的节日里，祝愿各位老师节日快乐！身体健康，工作愉快，天天幸福！

（2020年9月10日在教师节颁奖典礼上的讲话）

躬
耕
不
輟

把教学提高到教育的水平上

早在 19 世纪上半叶，德国教育家赫尔巴特在谈到关于德育教育的途径问题时，就强调德育首先是教学，教学是形成道德观念、培养道德品质的最基本的手段，因此他提出了著名的"教育性教学"的观点。他认为，人的观念、情感、善的意志是不可分割的。作为知识传递过程的教学和作为善的意志形成过程的道德教育是统一的："教学如果没有进行道德的教育，只是一种没有目的的手段。道德教育如果没有教学，则是一种失去了手段的目的。"

赫尔巴特把自己的教育目的建立在伦理学的基础上，认为培养人的德行是教育的全部目的，因而他认为把知识单纯地作为知识，亦即冷冰冰的知识加以掌握，不可能强化意志与态度这一道德核心，要使知识转化为意志与态度，教学就必须要形成德行的教育意义，即"教育性教学"。也就是说，教育性教学就是既教书，同时又育人。

赫尔巴特提出"教育性教学"的理论已经 100 多年了，可是在我国，教学大多仍然停留在智育层面上，虽然也强调发展学生的学习能力，但对道德廉耻素养的培养还远远不够，在这种情况下教育家冷冉先生提出了"我们的目的是把教学提高到教育水平上"。我认为这是一种基于现实的教学性教育观。"把教学提高到教育水平上"的"教育"是指课程、教材中的各种知识、观念和教师在教学中的态度、情感、行为对学生思想品德所产生的积极影响。因此，我们可以把冷冉的话理解为：通过教学不仅要使学生获取知识，还要促进学生身心的健康发展、品德的形成及人格的完善，使学生学会做人、学会做事、学会学习、学会创造、学会审美、学会健体等，从而获得全面的、个性的发展。

新一轮课改提出了"立德树人""核心素养"的概念，明确学科教学的育人价值，将"教学"升华为"教育"。教师需要转变观念，从学科教学转向学科教育；"学科壁垒"被打破，在教学中需要实现多学科融合；教和学的方式需要改变，信息技术与学科教学融合催生新的学习方式；学业评价的内涵需要更加丰富，人的核心素养将有更全面的体现。核心素养体系被置于深化课程改革、落实立德树人目标的基础地位，充分体现了学生的全面发展、个性发展和终身发展的基本规律，体现了学生各种素质在学科课程培养中的有机联系，体现了时代对基础性学习能力、发展性学习能力和创新性学习能力培养的整体要求。

从赫尔巴特的"教育性教学"到冷冉的"把教学提高到教育水平上"，到"课堂教学三维目标"，再到现在的"核心素养"，都在强调重视"教学的教育性"，但由于中、高考的压力，现在仍然还有许多教师在教学过程中只关注知识和能力的培养，也就是只关注智育，忽略了对学生全面能力的培养。这种教学行为是难以实现新课改提出的"全体学生的发展、全面和谐的发展、终身持续的发展、个性特长的发展、活泼主动的发展"的理念的。

因此，我们有必要，也必须重申并且实践冷老提出的"把教学提高到教育水平上"，只有这样，我们才能真正实现"以学生发展为本"的教育理念，才能真正实现教育的目的。

那么，如何把教学提高到教育的水平上呢？

以身示范。在学科教学中教师对学科知识的准确表述，对学科实验的规范操作，对学科知识的精准追求，都在教学生养成良好的学科素养。

善于挖掘教材中的德育因素。任何一门学科的教学内容中都有对学生产生思想影响的内容，教师应善于抓住这些内容的特点，将它们作为教育的素材，最大化地发挥它们的教育功能。

善于抓住教育契机。在学科教学中，经常会出现影响学生心理健康发展和品德形成的情境，教师应该抓住契机，引导学生发展健康的心理，形成良好的品质，完善人格。

发挥评价的正能量功能。教师在学科教学中对学生的正确评价和鼓励，

躬耕笃行　潜心育人

会使学生产生向上的信心和希望，鼓舞他们在以后的学习中不断努力，实现理想。

苏霍姆林斯基曾说过，教学大纲和教科书规定了给予学生的各种知识，但是却没有规定给予学生最重要的一样东西，这就是幸福。我们的教育信念应该是：培养真正的人！让每一个从自己手里培养出来的人都能幸福地度过自己的一生。

这应该是我们追求的目标。

课堂高效从明确目标开始

现代课程理论和改革的基本理念是：能力发展是核心；知识、文化积累是基础；情感态度养成是灵魂，是保证能力发展和知识、文化积累的必要条件。三者相互依存，相互促进。课程目标关注的是知识和能力、过程和方法、情感态度和价值观这三个维度，它们之间相互渗透，融为一体，只有在有限的课堂教学时间内，最大化地实现这三维目标，我们的课堂教学才算高效。现在我们谈发展学生的核心素养，就是帮助学生具备能够适应终身发展和社会发展需要的必备品格和关键能力。这是我们培养人的目标，那么，课堂教学中如何发挥教学目标的导向、激励、调控和评价功能呢？

一、明确目标才能有的放矢

在课堂观察过程中，我发现我们在课堂教学中存在教学目标缺失的问题。有的课堂只有知识目标，因而就出现了教师一讲到底的现象，不给学生任何思考和实践的机会，学生就成了记忆的机器，记忆的只有老师灌输的知识。也有的课堂有知识目标，也有能力目标的体现，但教师对能力目标的认识和处理能力有很大的欠缺，如有的教师将一个学段中需要一点点慢慢提高的能力，却在一堂课中要求学生掌握，这样就造成教师出现急躁情绪，对提高能力的设计和实践"蜻蜓点水"，而学生经过一节课的"高难度"的讲解和训练，感到力不从心，更加对自己没有信心，长此以往，就可能失去学习的兴趣。在课堂观察中，我发现教师最不关注的是过程和方法目标的实现，也许教师在备课过程中就没有关注此目标，加上教师的个人素养的差异，在课堂教学中，对于通过过程的体验和感知形成方法的目标没有任何设计，更没有实现。许多教师能够注意到情感态度价值观目标的设计和渗透，但在很多情况下，都是很牵强的，"为

躬耕笃行　潜心育人

了教育而教育"，没有达到教育的潜移默化的功效。

以上问题的出现，都是因为教师对课堂教学目标的认识不够到位，或者是目标缺失；或者是目标不切合实际；或者是只关注目标中的"一维"，忽略了另外"两维"。教师对课堂教学目标不明确，就造成课堂教学没有或缺少目的性，更无法谈及课堂教学高效。

二、明确目标才能促进学生全面发展

教师明确了课堂教学要实现的三维目标，才能促进学生的全面发展。课堂教学应当成为学生自主、合作、探究学习的天地。因此在课堂教学中，教师应该给学生创造机会通过自主学习，掌握知识；创造机会合作探究，提高学生的能力，引导学生通过实践，感悟过程，并总结提炼出方法，在合作、探究的过程中培养合作意识、坚强的意志力。

要想使学生能够在课堂上主动参与，积极思考，大胆实践，勇于探索，教师就需要先调动学生的积极性，通过合理的情境创设，引领学生到需要探究的领域中来。为了让学生能够深入地探究，教师需要有高水平的设问，有效激疑，引导学生积极探索。为了让学生能够坚持探索并不断总结和提炼，教师需要及时鼓励，适时提供帮助，并加以正确引导。

教师在注重培养学生学会知识的基础上，要指导学生选择适合自身发展需要的学习方法，在指导的过程中和指导的基础上，激发学生的情感体验，丰富学生的知识，发展学生的能力，逐步帮助学生形成不同的学习策略。

三、明确目标才能实现课堂教学高效

在课堂教学中教师明确了教学目标，可以有效地促进学生的全面发展。但如果没有效率意识，我们的课堂仍然做不到高效。如何才能做到课堂教学高效呢？

首先，教师必须有效率意识。用最简洁的语言或最直观的手段创设情境，带领学生进入要学习的内容之中。在学生进行合作探究的过程中，教师要明确限定时间，要求学生用最短的时间完成所要探究的任务。在回答问题时要求学生快速作答，语言简洁，但要做到完整表达。在练习实践环节，充分发挥小组合作的功能，快速检查，快速反馈，有效点拨。

其次，教师要努力提高个人素质，加强自身修养。《基础教育课程改革纲要（试行）》中指出："改变课程过于注重知识传授的倾向，强调形成积极主动的学习态度，使获得基础知识与基本技能的过程同时成为学会学习和形成正确价值观的过程。"因此，课堂教学中三维目标的实现不是孤立地通过不同的教学活动实现的，而是通过高素质的教师充分发挥自身的良好修养，在各个教学活动的实施过程中逐步实现的。高素质的教师可以大大缩短教学时间，却能达到更好的教学效果，进而实现课堂教学高效。

最后，教师要具备整合的能力，能够将不同但相关的教学内容及不同的教学手段整合在统一的教学活动过程之中。通过一个教学活动的设计，让学生学会更多的知识，提高更多方面的能力，同时又能在过程方法、情感态度价值观方面有更大的收益。教师要力争使课堂教学中每一个教学活动的设计实现多样化的任务目标，让基础不同的学生达到适合自己发展的目标要求。

通过教师的有效导学，学生在有限的课堂教学时间内能够得到最大的发展，并能够在课堂学习过程中享受到学习成功的快乐，对学习充满信心，更顺利地进行更高层次的学习，只有这样，才能够真正实现课堂教学高效。

高效课堂的"高"

随着新课程课堂教学研究的不断深入，我们发现教师的课堂教学虽然大多是有效的，但却存在着严重的高效和低效之分的问题。为了提高课堂教学效益，有教育专家将"有效课堂教学"研究改为"高效课堂"教学研究。这一变化，代表着教学管理理念的转变，代表着教学行为标准的提高，也是课堂教学迈向更高层次的转折。高效课堂教学的"高"具体有以下体现：

一、教学起点高

高效课堂教学是在有效课堂教学研究的基础上提出的。在过去的实践中，我们从有效课堂教学的调研开始，准确了解教师的"教"和学生的"学"。从教师的课堂教学行为到教师的专业发展方面，对学生的学习成绩、学习习惯、学习能力等方面，都有了深入了解。再针对问题对教师进行有效的课堂教学设计的培训，使教师的理念从关注教师的"教"转变为关注学生的"学"，所有学科都在进行有效课堂教学设计和实践，使得课堂状况大为改观，消除了课堂教学中的无效现象。而现在提出的高效课堂教学是从有效课堂教学的高起点开始的。

二、教师眼界高

为了提升教师的教育教学水平，尽快实现高效课堂教学，教师们有机会聆听全国知名专家、特级教师的讲座，观摩现场做课及课后评课等，能够近距离领略名家风范，并有机会与专家对话，甚至有机会让专家对自己的课堂进行点评。这些知名专家威望高，影响力大，有的专家还一直活跃在一线课堂教学中，因此他们的做课、评课更让教师们信服，教师们对他们的理念有更高的认同感。

通过学习专家的教学行为设计理念，在反思自己的教学设计时，就会围绕专家的高效教学行为，选择专家课堂中最精彩的环节进行交流分析，充分收获和感悟"高效课堂教学"策略。

看完了全国知名专家的课和区域名师的示范课，教师们的认识提高了，再也不满足于自己现有的水平，不满足于自己现有的教学设计能力，开始重新认识课堂教学中的"教"和"学"，开始重新为自己设立目标，努力使自己的课堂教学更像名师的示范课，更靠近专家的高效课，从而促使自己向更专业化迈进。

三、教学要求高

区域对课堂教学提出了更高的要求，对教学目标的确定、教学活动的设计、教学资源的有效利用等都提出了明确的要求。在学生输出方面也有更高的要求，如高效的口语交际、高效的写作、高效的学科整合等。文件的颁发和实施既是对教师的培训，更是明确了我们在课堂教学实践中必须做到高效率、高效益、高效果。

四、评价标准高

在实践高效课堂教学的同时，我们必须结合高效教学理念，结合新课改精神，结合区域课堂教学实际，提出有针对性的高效课堂评价细则，从教学目标、教学设计、学生活动、教学效果、教学特色、教师基本素质、教学资源等多方面对课堂进行有效的评价。评价的标准由原来的单纯评价教师的"教"发展为现在的多方面的指标，对我们的高效课堂提出了更高的要求。

五、教学技术手段高

现在的高效课堂教学是在教师们进行了信息技术与学科教学整合的基础上进行的。教师们对现代信息技术的自如运用，不仅加大了课堂教学的容量，更可以带领学生进行网络课堂教学的尝试。课堂教学手段的多样化、课堂的外延扩大、学生的视野开阔，使学生的潜能得到了充分的发挥。

躬耕笃行　潜心育人

融激情于英语课堂教学

引　言

　　激情是一种发自内心而且又能激动人心的情感，是精神饱满、生机盎然的象征。教师若在英语课堂教学中以情动情，那么师生之间会产生情感的共鸣。教与学是一个互动的过程，在课堂上教师的设计应该得到学生广泛的积极的参与，这不仅要求教师热爱英语教学，科学合理地设计教学内容与结构，更需要教师充满热情、充满感召力地将学生带入特定的语言学习情境中，让学生快乐而又充满情趣地学习，只有这样才能有效地实现教学目标。在多年的教学实践当中，我逐渐认识到：教师在课堂上的激情是课堂上的灵魂。

自述案例

　　熟悉我的人都认为我说英语好听，语音语调纯正。外国人也以为我在国外生活了很久。我听过这些表扬之后，心中自然高兴。冷静下来之后我就想：如何将自己的优点运用到英语课堂教学之中？于是每天上课前我都注意保持最饱满的情绪，从上课开始就用清脆的、地道的语音将学生吸引住，让学生们沉浸在优美的语言环境之中，使他们能很好地享受教师流利、纯正的英语。慢慢地，我还发现，教师单单有优美的语音还不够，在课堂上还应该有富于变化的语调。根据讲授的知识和学生的反应，及学生回答问题的对与错，我都适时地进行语调的变换。对于学生完美的课堂表现，我会情不自禁地高声赞赏："Fantastic!"对于学生发言时的小小失误，我会轻柔地小声鼓励："Think it over, you can make it." 在实践当中，我不仅仅有语音、语调的变换，还渐渐地加上了面部表情的变化、肢体语言的补充。这样，我将学生的注意力完全吸引到我的课堂中来——先"声"夺人地造势，抑扬顿挫地吸引，用丰富的肢体语言来感染。慢慢地，声音、教态、情感就完全融于我的课堂教学之中了。学生们非常喜欢我的语音语调，但时间长了，他们也会"审美疲劳"的，如果我仅凭自己的语音语调去吸引学生，还是不够的，于是我就尝试在课堂教学中适时地运用情境，抓住课堂中可以生成新东西的每一个细节，适时地对新课导入或教学顺序进行调整，让课堂的情境，学生的情绪、情感永远都处在最佳状态。

开学第一天上课，老师和学生之间难免有些生疏，尤其是科任教师，没有足够的时间接触学生。因此，课前的热身就很有必要。于是，我首先调整好自己的情绪，以饱满的热情快步进入教室。映入学生眼帘的是一张充满激情的笑脸，一个思念、关爱的眼神，这瞬间拉近了我与学生的距离。微笑着站到讲台上，一句抑扬的"Hello!"调动了学生的情绪，接下来的"How are you?"以及对学生们回答的及时点评，一下子就把学生的情绪调动起来了。接下来我问的问题，如"Would you like to share your interesting story with us?"就及时地让学生开口说话，我不时地插入"Really?""Wow!""Would you please tell us more?"并不时地睁大眼睛，走到学生的面前，或者做出夸张的表情，等等，就让学生的思绪完全回到我的课堂中来，待他们完全在用英语思考的时候，我就开始了本节课的教学。

有一次，学校中午举办了年级篮球赛，我们班上场的同学大汗淋漓，啦啦队的同学声嘶力竭……接下来的下午第一节英语课怎么上呢？学生们疲惫地坐在座位上，他们看我的时候眼里流露出的是："老师，今天的课还正常上吗？"我能理解他们的想法，但课不能不上啊！我灵机一动，方法有了。这一节课正好是学习过去时，我何不把学生中午的比赛作为教学资料呢？于是，我关切地问道："Are you tired?"一听我这样问，他们立刻大声并拖着长音回答："Yes."接下来我开始用英语好奇地问："Which class did we play against today?""Who won?""Who played better?""Who is your favorite player?"学生们的精神头儿一下子就上来啦！尤其是那些在场上比赛和当啦啦队队员的学生，因为他们更有切身体验，更想把自己的感受说出来，另外一些同学则像场外评论员一样，不时地进行一番评论。所有学生激情洋溢，连我都被他们感

躬耕笃行 潜心育人

染了。40 分钟的一节课，我们用了 20 多分钟讨论中午的比赛，这其中有陈述，有评论，有辩论，当然也有我作为教师的纠错和指点，过去时的学习真正融入现实生活当中了。剩下的十几分钟，我们回到教材中的名人故事，更多的参与机会就是那些没有上场的和没当啦啦队队员的，他们当然就认为"现在该我们主讲了"，于是名人们的故事又被同学们一点点地讲述开来。课堂上的气氛再一次被充分调动起来，学生们积极地参与到了学习中去，当我做课堂反馈和小结的时候，发现同学们对过去时的理解和掌握比预期的好得多，这节课的教学任务就这样简单轻松而又充满激情地完成了。

在讲教材中的"London is bigger than Cambridge"一课时，如果单纯地直接讲解比较级，非常像一节纯粹的语法课，学生会感到乏味，况且学生们没有到过伦敦，更没有到过剑桥，他们对这两个城市的了解大多是由图片得来的。为了更好地将学生的情感调动起来，我在课还没有正式开始的时候就为学生播放了一曲配乐英语诗朗诵——徐志摩的"Saying Goodbye to Cambridge Again"（《再别康桥》），配以中文解释，优美的声音将学生们带到如画的意境之中……开始上课了，当我问学生徐志摩诗中的"康桥"在哪里的时候，他们一下子就说出了答案。接下来我就从徐志摩为什么要写《再别康桥》引导学生说出 "Cambridge is beautiful." "It has a very famous university." "He had a nice experience in the lovely city." 等内容，然后再让学生回忆已经学过的有关伦敦的内容，同学们在回忆的过程中自然就开始了比较，从两个城市的桥开始，再到两个城市的河流、两个城市的人口、两个城市的大小，等等，然后再参照老师提供的有关伦敦和剑桥的地图，学生对伦敦和剑桥的比较就更加明确。通过回忆和比较，学生们仿佛去过伦敦和剑桥一样，他们对这两个城市的描述也逐渐详细起来，当然也就出现了一些细节上的争论。如果争论的内容是我非常清楚的细节，我就暂时做一下裁判；如果是我也不清楚的细节，就建议同学们课后再查相关的资料。通过争论，他们对课文理解得更好，对比较级的理解、掌握和运用也更加深入和自如。不仅如此，这样还充分调动了学生们更多地了解这两座城市的欲望，于是我又不失时机地鼓励学生们好好学习，将来到牛津或剑桥大学留学。这一节课在新颖而动情的导入熏陶下，在谈论中不知不觉地完成了教学目标。

几年的实践后，凡是听过我课的教师都认为我的英语课的特点是富于激情，而我的学生们也更加乐于上我的课，他们认为我的课"挺有意思的"，学起来不累，在不知不觉中就把知识学会了，而且课后还不用花大量的时间去复习，因为课上激情的渲染让他们情不自禁地提高了注意力，知识点也就相当牢固地记在了脑子里。其实在我的课堂中让每一个学生都参与是主要的，学生们学得轻松、学得有效，才是我追求的目标。

教学反思

我认为一节好的英语课，应该使学生在轻松、和谐、快乐的氛围中学会使用语言，并且感受到这种语言的魅力。那么这种理想的学习氛围从何而来呢？我觉得最有效的途径就是教师的激情投入。以上案例中，如果我没有将激情融入教学设计与教学环节当中，课堂的教学效率会很低，如果这些情况不断发生，就会导致学生学习英语的积极性降低。幸运的是我将激情融入课堂教学当中，在每一个教学细节的处理上，我都全身心地投入了自己的情感，尽可能多渠道地加强自己与学生的沟通与交流，以我的热情唤起学生的学习激情与兴趣。所以我的学生们爱学英语，乐学英语，会学英语，而且英语学得很好。教师应该是火柴、打火机，主要职能不是自己燃烧，而是点燃学生的希望之火、智慧之火，激发学生的激情。

学生是祖国的春天，富有激情的老师是学生的春天。充满活力、朝气的老师永远是学生最喜欢的。教育家苏霍姆林斯基曾说："应该让教师的每一句话都充满了激情，这些话能让学生们欢喜雀跃、激动不已，或心旷神怡、义愤填膺。做到这一点是何等的重要啊！如果你的语言不能闪现出情感和火花，不能让人热血沸腾，不管你的话意义有多么深远，在学生听来，它也是毫无生气的。"

所以，以饱满的精神风貌、亲切和蔼的态度、丰富的知识、充满激情的授课引导学生积极参加探求知识的过程，让学生用自己的头脑思考、辨别、分析、归纳，自主获得知识，是教师成功的法宝。

教学延伸

在国际上久负盛名的英国英语教学专家 Jerry Harmer 提出了课堂语言教学的三个要素，即投入（Engage）、学习（Study）、运用（Activate）。投入就是教师通过不同的活动和方法引起学生对所学语言材料的兴趣，促使他们参与；学习就是通过课堂活动和练习，使学生掌握语音、语法、词汇等语言知识；运用是指通过练习和课堂活动，使学生自由地、实际地运用语言。投入、学习、运用三要素是语言教学成功的基本条件，通过它们之间顺序的变换，可以创造出多样的教学模式，取得最佳的教学效果。但无论如何变换，投入总是处于第一位的。

要使学生全身心融入课堂教学活动中，就要求教师首先要全身心投入。有了教师的全身心，才会有学生的全身心。对于一个教师来说，怎样才算全身心？这是一个因人而异的问题，因为每一个教师都是独特的，有的教师擅长通过活动和方法如游戏、音乐、讨论、戏剧等引起学生对所学语言材料的兴趣，促使学生积极参与课堂教学活动；有的教师习惯于采用多种形式的练习引导学生复习已学知识，逐步进入学习新知识的状态；有的教师喜欢采取不同的呈现方式吸引学生的注意力，如图片展示、模拟动作表演、多媒体演示，等等。但无论什么方式，语言学习首先要让学生投入，学习要活动化，活动要交际化。

本案例中，教师充分利用了自己的激情，在考虑学生因素的基础上，灵活地采用了对话、诗歌、讨论等形式，在课堂的初始阶段就为学生创设了一个熟悉而真实的语言交流环境，强调了语言的交际性和可理解信息的大量输入，并且这种输入多以教师话语为主，既为学生提供了学以致用的良好范例，又为学生投入下一步的学习做了很好的铺垫。

有人说课堂管理的目的是控制纪律，吸引学生的注意力，使课堂教学得以顺利进行，这只是一种低层次的要求。而课堂管理的高层次是激活和保持教师学生双方在课堂上的活力，这种活力是教和学获得成功的基本保证，这种活力能使教师和学生双方在教学过程中保持一种热情，产生一种凝聚力，使学生积极向上，主动探索，乐于接受新事物、学习新语言以及这种语言所包含的文化意义。

专家点评

正知佐治亚大学心理教育系格林教授所说的，教学效果显著的老师对所教科目、教学和学生都抱有极大的热情。他们不断鼓励启发学生。他们知道自己不只是在传授知识，还是在培养学生的态度。他们在改变学生的生活，帮助学生意识到自己的潜能。高效的教师在教学中都是兴高采烈的。对他们来说，教学是一门行为艺术，每一节课都是一次表演。不管他们是教一个学生还是五百个学生，高效的教师都力求做到最好。他们乐此不疲，对他们来说，教学不是烦人的事。相反，它是丰富学生知识，增强学生对该门课程的认识的一种难以抗拒的挑战。

于兰老师对课堂教学的热情主要体现在三个方面。一是尊重学生，她能够很好地利用自己的专业优势，通过声音和体势语跟学生进行平等的真实的交流，既很快拉近了与学生的情感距离，又尊重了学生的话语特征和交际策略，这样做有利于提高课堂教学的效益。其二，于兰老师注重结合学生的实际，采用灵活多样的课堂活动方式。如学生在参加篮球赛后难以迅速进入学习状态这一特定环境下，教师巧妙地将比赛话题与教学目标结合在一起，实现了让学生理解意义、掌握内容、获得技能、交流信息等多重教学目标。最后，于兰老师还善于通过教师自身的情感和教材内容所体现的情感来激发学生的学习兴趣和热情。如文中引用的《再别康桥》一例，如果没有教师自身和教材内容的意义建构过程，绝对不会有如此精彩的教学设计。

于兰老师的课例让我明白：有些学生不能全身心地投入到课堂教学中去，我作为教师应该首先从自己身上找原因。（专家点评者为刘敬雯老师）

（本文收录在《名师讲述》一书中，原名为《我是这样教会学生学习的》）

情境教学，让学生享受学习的快乐

情境教学是指在教学过程中，教师有目的地引入或创设具有一定情绪色彩的、以形象为主体的生动具体的场景，以引起学生一定的态度体验，从而帮助学生理解教材，并使学生的心理机能得到发展的教学方法。情境教学法的核心在于激发学生的情感。英语教学中恰当运用情境教学有利于调动学生学习语言的积极性，还有利于促进学生"在学中用"和"在用中学"。我在多年的英语课堂教学中，运用语言描述情境、生活情境再现、音乐渲染情境等方式进行情境教学，不仅调动了学生学习英语的积极性，还大大提高了课堂教学效率。

运用语言描述情境，调动学生表达的欲望

开学第一天，我调整好自己的情绪，以饱满的热情进入教室。映入学生眼帘的是一张充满激情的笑脸，一句抑扬的"Hello!"调动了学生的情绪，接下来的"How are you?"以及对学生回答的及时点评，一下子就把学生的情绪调动起来了。接下来的问题，如"Would you like to share your interesting story with us?"就及时地让学生开口说话。我不时地插入"Really?""Wow!""Would you please tell us more?"并配合睁大眼睛，走到学生面前，或做出夸张的表情等体态语言回应，让学生的思绪完全进入我的课堂中来，待他们完全用英语思考，思绪沉浸到课堂英语情境时，我就开始了本节课的教学。

生活情境再现，延续活动中的快乐

中午学校举办年级篮球赛，上场的同学大汗淋漓，啦啦队的同学声嘶力竭……接下来的英语课怎么上呢？这一节课正好是学习过去时，于是，我问道"Are you tired?"一听我这样问，他们立刻大声并拖着长音回答"Yes."

接下来我开始用英语问"Which class did we play against today?" "Who won?" "Who played better?" "Who is your favorite player?"学生们表达的欲望一下子就爆发了。40分钟的一节课，我们用了20多分钟讨论中午的比赛，这其中有陈述，有评论，有辩论，当然也有我作为教师的纠错和指点，过去时的学习真正融入现实生活当中了。剩下的十几分钟回到教材中的名人故事，话语权移交到那些没有上场的和没当啦啦队队员的同学那儿。课堂上的气氛再一次被充分调动起来，学生们积极地参与到了学习中去。当我做课堂反馈和小结的时候，发现将比赛话题与教学目标结合在一起，可以让学生理解意义，掌握内容，获得技能，交流信息。而同学们对过去时的理解和掌握比预期好得多，这节课的教学任务就这样简单轻松而又充满激情地完成了。

音乐渲染环境，让学生全心投入

在讲"London is bigger than Cambridge"一课时，我先为学生播放了配乐英语诗朗诵"Saying Goodbye to Cambridge Again"，配以中文解释，优美的音乐和诗意的朗诵将学生们带到如画的意境之中。我问学生徐志摩诗中的"康桥"在哪里，他们一下子就说出了答案。我用徐志摩为什么要写《再别康桥》引导学生说出 "Cambridge is beautiful." "It has a very famous university." "He has a nice experience in the lovely city." 等内容，然后再让学生回忆学过的有关伦敦的内容，同学们在回忆的过程中自然地就开始了比较，通过回忆和比较，他们对这两个城市的描述也逐渐详细起来，并进行了细节上的争论，对课文理解得更好，对比较级的理解、掌握和运用也更加深入和自如。不仅如此，这样还充分调动了学生们更多地了解这两座城市的欲望，于是我适时地鼓励学生们好好学习，将来到牛津或剑桥大学留学。这节课通过教师自身的情感和教材内容所体现的情感激发了学生的学习兴趣和热情，在新颖而动情的导入熏陶下，在谈论中不知不觉地完成了教学目标。

在课堂教学中，让学生学会是我们的目的，但让学生愉悦地学是我们追求的更高境界。创设情境，融激情于课堂教学，可以帮助学生以最好的精神状态，学会知识，学会学习，学会做人。

问候语的妙用

　　人的情感总是在一定的情境中产生的，生动有趣、富有意义的情境能拓展学生的思维空间，激发并保持学生参与语言活动的热情和兴致，使英语课堂充满活力。兴趣的源泉在于应用，需要给学生更多运用英语进行交际的机会。教师应认真备课，根据不同的课型将教材活化为生动有趣、与生活学习息息相关的情景，并结合学生的生活实际设计一定的话题场景，鼓励学生积极参与和体验，为学生提供综合运用语言的空间，为学生创造自我培训与发展的条件和环境。

　　"Good morning, Class!" "Good morning, Miss Yu!" 对于这句问候语，从参加工作那天开始，我和我的学生们就一天一天不断地重复着，十几年来从没觉得有何不妥，而且看其他教师的课甚至是名师的课也都是这么进行的，更没有想到该有什么变化。但本学期的一次尝试却让我和我的学生们体验了变化的新奇、快乐和收获。

　　那是一个星期一的早晨，学生们大概周末玩得太投入了，以至于周一的状态特别不好。当我说"Class begins"的时候，他们连站起来都是有气无力的样子。这种情形下，我饱满的情绪一下子跌落了下来，但我马上让自己调整好情绪，脑袋里快速思考如何应对。我突然想起前一天在家里准备课件的时候看到过一幅大红苹果的图片，于是我张嘴就说了一句"Good morning, Red apples."。学生们刚想像平常一样回应一句"Good morning, Miss Yu."，却突然间发现今天 Miss Yu 的问候跟平常不一样了。于是他们的眼神有了变化，有人调整了一下站姿，然后开始"乱七八糟"地回答；有人还像以前一样说句"Good morning, Miss Yu."，但心里还忐忑着：Miss Yu 这样的问候，我这样回答行吗？也有的同学学着我的问候来一句"Good morning, Red apple."，但心里更加觉得不妥，因为这跟平常的称呼是不一样的；还有的同学干脆不说话了，因为不知道如何回答，但有一点是相同的：每一个同学都把精力集中到我这儿来了，想知道我今天要干什么。我问候的变化有了效果，于是我紧接着又问"Do you like the name Red apples?"。有的同学回答"Yes."，有的回答"No."。于是我紧接着追问为什么不喜欢这个称呼呢？有一个学生问："老师，我可以用汉语来回答吗？"得到我的允许后，她告诉我："我们还是初一的小孩子，你怎能称呼我们是红苹果呢，红苹果是熟透的苹果。"我的目的已经达到，因此我笑着告诉她："我喜欢红色的大苹果，我喜欢你们，因此这样称呼你们，好吗？"当然我的这些话都是用英语说的。接着我告诉他们："从今天开始，我对同学们的称呼每天都会有所改变的。"

那天的课上，我饱满的情绪有了回应，上课的效果也很好。在接下来的数天中，我用了几乎所有的水果的名称来称呼我的学生们。他们觉得很新奇，每天都在想着我会用什么样的水果名称来称呼他们。因此，我每节课都会将他们的思绪拉回到我的课堂上来，也会将他们的情绪调动得很好。但我觉得这样的称呼用了一段时间后，学生们又会感觉没有什么新意了，于是我会根据当天的天气情况说出一些新称呼，如天下雨，我会称呼他们为"漂亮的彩虹"，如果阳光明媚，我会称呼他们为"阳光少年"，如果学校有什么大型活动，我会称呼他们为"英雄好汉"……随着不同称呼的变化，我本人需要了解学生的活动，需要抓住他们的兴奋点或失落点，通过不同的称呼把他们拉回到我的课堂上。当然很多称呼会引起一些辩论，为何这样称呼，他们喜欢或者不喜欢的理由。一切对话都是用英语进行，锻炼了学生们用英语进行口头表达的能力，培养了学生们用英语进行思维的习惯，但有时我又觉得花这些时间若能与本节课的授课内容有关是否会更好呢？

有一天，一名外区的高中老师到我的班级来听课，那天刚好要讲"Around Town"中的"The London Eye is on your right"这个单元，涉及在伦敦旅行的相关内容，我就想：能否让我们的问候及问候时的讨论与本课内容有关呢？于是刚一开始我就对同学们说了一句"Good morning, Beautiful London."。同学们愣了一下，但随即反应过来这又是老师的一个新的称呼。所以当我问他们是

躬耕笃行　潜心育人

否喜欢这个称呼的时候，他们的讨论就热闹了。有的同学说喜欢，我就让他们说出喜欢的理由，他们把自己所知道的有关伦敦的信息全部说了出来。一个同学说得不够完整，另一个同学马上补充；一个同学说的与事实不符，马上有另一个同学站起来纠正。直到他们把自己知道的有关伦敦的信息全部说出来、全部说对。当然还有反对意见，有的同学说我不喜欢这个称呼，理由是"伦敦是英国的首都，我喜欢老师用中国的首都名称来称呼我们"。那天，这样一个讨论占去了 5 分钟时间，比平时用的时间都多。平时我只让不喜欢的同学说出不喜欢这个称呼的理由。但根据课堂教学内容的需要，我会让学生尽可能详细陈述自己的理由。事实上，当学生们把这些理由说完之后，我的课堂中的复习环节已经结束。同时我还了解了学生的预习情况，并对预习情况进行了很好的反馈，这样一来，接下来的新授就容易得多。

上完课后，听课老师没弄明白，她问："你怎么一下子就让学生那么积极地参与到你的教学之中了呢？"我告诉她这是因为在本节课我对学生的称呼用了"Beautiful London"的原因。学生们要表达喜欢和不喜欢的理由，为了让自己能够有力地说服别人，他们只好开动脑筋，将自己储备的知识再现出来，以证明自己的观点。这位老师又问："你怎么会想到这个方法呢？"其实这也是我经过多次实践之后摸索出的有效方法。

德国教育家第斯多惠说过，教学的艺术不在于传授本领，而在于激励、唤醒和鼓舞。激发学生的主体情感，教师首先要尊重学生的情感，营造一种愉悦、宽松、平等、合作的课堂氛围，让学生有积极的情感体验。通过巧妙地运用问候语，营造英语学习的氛围，充分调动学生学习的积极性和主动性，让学生带着浓厚的兴趣学习英语，这也是我们英语教学工作者不断探索和研究的一个重要课题。

如何进行高效的词汇教学

词汇是语言的三大要素之一，是语言的建筑材料，是基础。没有大量的词汇就无法顺利进行阅读。在初中英语教学中，词汇教学有着举足轻重的地位。语言技能的形成离不开词汇的积累与运用，词汇量的大小，往往被认为是一个语言学习者功底深厚与否的标志。在教学过程中教师们也都在积极探索尝试，多角度、多渠道采用灵活有效的方法进行词汇教学，使学生积极掌握所学词汇；同时，又对学生进行多角度、多渠道的词汇复习指导，进行经常性的、科学的训练，培养学生的词汇学习能力。在多年的英语教学中，我对词汇教学也有一些做法和尝试，愿意说出来与大家共享。

首先我认为作为一名英语教师，应该明确在初中阶段，学生所接触的词汇有高频词汇和话题必用词汇之分。

《全日制义务教育初中英语课程标准》中五级目标对词汇的要求是：

1. 了解英语词汇包括单词、短语、习惯用语和固定搭配等形式；

2. 理解和领悟词语的基本含义以及在特定语境中的意义；

3. 运用词汇描述事物、行为和特征，说明概念等；

4. 学会使用1600个左右的单词和200~300个习惯用语或固定搭配。

在这部分课标中，并没有明确要掌握多少个高频词汇，也没有明确要理解多少个话题必用词汇。但从中我们却可以明确：词汇教学不仅包括教授词汇的读音规则、构词法，还要让学生掌握它们的词义及词类，更要让学生掌握习惯用语和固定搭配，而且要求教师把单词放在一定的语境里教，让学生更好地掌握单词的词义、词类和习惯用语及固定搭配，并能够合理运用词汇。但在平时的教学中，我们需要既教会学生听、说、读、写高频词汇，也需要

躬耕笃行　潜心育人

教会学生听懂、读懂话题必用词汇。我们应该根据课标的要求、教材的安排，运用不同的方法，对两种词汇进行不同方法的教学，从而帮助学生理解和掌握话题必用词汇，同时又能掌握和运用高频词汇。

在多年的教学实践中，我认为以下几种教授词汇的方法最为有效。

一、学生自学

有些词汇是不需要教师讲授的，尤其是到了初中阶段，学生完全有能力自学一部分类型的单词。比如，关于动物名称的词汇，如果只要求学生掌握某些动物的名称，教师就可以完全放手让学生自学词汇。他们可以自己对照生词表进行自学，还可以在小组内检测。教师需要做的就是在布置学生自学任务之前，依据学生的具体情况，规定学完这些词汇的时间，然后抽查检测一下，了解学生的掌握程度。通过这种方法教授生词可以节省大量的时间，同时又能培养学生的自学能力，培养学生合作意识。

二、在语境中学习

通过语境来进行词汇教学也是一种很有效的方法。在语境教学中，我通常采用两种方法。其一，教师依据要教的单词，自己创设语境，在展示语境的过程中自然地引出生词，教师呈现生词时可以放慢语速、重复或者将生词写在黑板上，让学生在具体的语境中感悟生词的含义。当然，此时只能教会生词在本语境中的意思。其二，教师直接呈现要教授的语言材料，要求学生先通读整篇文章，对课文内容有个大概了解，然后教师可以根据实际情况呈现生词，并进行讲解，此时，因为有语境的支撑，学生更加容易理解所要学习的词语及其含义。之后，教师再让学生结合一定的情景对所学的词语进一步练习，逐渐培养学生运用词汇的能力。这样学生才知道在什么情景下使用哪些词语来恰当地表达他们的思想，从而消除母语的干扰，养成用英语思维的习惯。

三、在上下文中猜词义

猜词也是学生学习词汇的一种很有效的方法，猜测词义也需要在语境中进行。教师要么根据词汇创设合适的语境，要么呈现所要学习的语言材料，让学生猜词义。猜词义首先要界定该生词的词性，然后再根据上下文猜出该词大意。例如：教 smart 一词时，给学生一句声情并茂的 "Wow! You look smart in your new suit!" 可以助学生断定 smart 为形容词，再结合 new suit，就可以猜到其可能是"帅气的，时髦的"或类似的意义。教会学生猜测词义，既要求教师要有积极的教学态度、活跃的教学思维和合理、有效的教学手段，更要求教师要积极、主动地思考与练习。如果教师在平时的教学中总是积极大胆尝试，并不断总结与运用，就能很好地激活学生的思维能力，培养其学习主动性。

四、通过词汇表学习

本文中提到的词汇表指的是教材附录每个模块的词汇表。在教授完一个模块的生词时，教师应该指导学生通览词汇表。通览词汇表有三点积极作用：其一，通过通览词汇表，学生可以有信心完成词汇的学习，因为每个模块的词汇量都不大，有时因为是分散的讲解，学生可能会误认为生词很多。其二，教师可以教会学生将本模块词汇表中的生词依据词性，依据所描述的物体，或者依据词义、词形等进行分类，有效复习生词。其三，学生在生词的学习过程中可能只学了生词在特定语境中的含义，而没有学习本生词的基本含义，此时刚好进行补充。

五、对补充词汇的学习

我们的教材编写虽然很贴近学生的生活实际，但是我们生活中常见的、常用的词汇，如表示物体名称的词汇，或者是描述人和物的相关词汇等，教材中呈现得并不完善。因此在日常教学中还需要补充这部分词汇。比如，当我们学完了动物名称的词汇，我们在复习时就可以增加生活中常见，但教材中却没有提到的动物名称；教材中对人体各部位的名称也没有系统讲述，而这

躬耕笃行　潜心育人

也是学生必须掌握的，因此，教师可以通过课前活动或竞赛的方式教给学生这些词汇。

六、分层次的词汇教学

在词汇教学过程中，教师根据学生不同基础、不同特点，对学生提出不同的词汇学习要求，使各层次的学生均能得到提高。教师在词汇教学中，对不同层次的学生提出不同的要求，对于基础很差的学生，即使是高频词汇，在教学的初期，也只提出听和读的基本要求，慢慢才过渡到读和写的要求上。对于基础很好、能力较强的学生，即使是话题必用词汇，也要求达到"四会"；同时，教师在阅读教学中应能够给学生提供多种素材或主题，提供不同类型的词汇，要求学生根据自己的不同基础和不同需求学习词汇：基础较差、学习有困难的学生只需初步接触这些词汇，无须记住掌握；基础一般、对自己有一定要求的学生可以通过识记，简单学习词汇；学有余力的学生则可以充分挖掘自己的潜力，运用各种词汇学习策略掌握并学会运用这些词汇。这样避免了基础差的学生学习的挫折感，也提高了基础较好的学生学习词汇的积极性。

七、在交际中复习词汇

词汇的复习也应该在交际中进行，尤其应该通过大量的阅读来复习词汇。相同的词汇在不同的语言环境中有着不同的含义。只有进行大量的阅读，学生才能在字里行间再次体会词汇的基本意思及在特定语境中的意义。教师应鼓励学生在阅读中利用上下文猜测词义，并把它作为一项基本的阅读技能。五级能力目标要求学生除教材外，课外阅读量应累计达到 15 万词以上。只有进行大量的阅读，学生才能巩固词汇，才能有效掌握某词的字面意义、多层意思、句法特征、语义特征等。

八、有效的检验

由于文化的差异和语言表达习惯的差异，英语单词的意义与汉语解释的对应关系有时会出现偏差。在平时的词汇学习中，鼓励学生翻译完整的句子，既达到了对词汇的有效复习，同时又能通过学生翻译的准确度检验学生对词汇的掌握情况。

词汇的讲授和学习方法多种多样，只有了解学生实际，结合具体内容，设计出适合自己学生的方法，并能在最短的时间内达到词汇学习效果的最大化，才是最有效的方法。

躬耕笃行　潜心育人

小班化环境下课堂教学模式初探

【摘　要】本文主要讨论在小班化环境下课堂教学模式的探索，指出在小班化环境下的课堂教学中要改变课堂教和学的方式，强调关注个体、关注差异，培养学生的探究意识和合作精神，进而形成具有小班课堂教学特点的课堂教学模式。

【关键词】小班化　课堂教学　模式

一、小班化课堂教学模式的概念

所谓教学模式，"是指在一定教学思想或理论指导下为设计和组织教学而在实践中建立起来的各种类型教学活动的基本结构，它以简化的形式表达出来。也可以把它理解为是开展教学活动的一整套方法论体系"（《教学论》，139页）。小班化环境下课堂教学模式是指依据小班化教育理论，在强调关注个体、关注差异，培养学生的探究意识和合作精神的前提下，明确规定了课堂教学的五个环节并具体规定了教学过程中师生双方的活动、实施教学的程序、应遵循的原则及运用的注意事项等。它不仅能够使教学理论具体化，又使得教学实践概括化和集约化，从而保证了小班化教育理论对课堂教学实践的指导作用。

二、探索小班化课堂教学模式的意义

心理学研究告诉我们，唯有当学生能自由参与探索与创新，并发现知识的个人意义时，身心才处于最佳状态，思维方法才被激活。因此，在学习过程中应该让学生成为认识的主体，让学生成为思维活动的主体。

课程改革强调学生自主、合作、探究的学习方式，在教学中，教师要为学生创造条件，创设情境，增强体验，激发兴趣，使学习成为学生的内在需要，变被动接受为主动学习。学生只有养成主动学习的习惯，才可能实现终身学习的目标。

小班课堂教学与大班课堂教学在课堂教学环节和活动组织上有明显不同。笔者在理论学习、课堂实践、课后反思的基础上，深入思考，不断完善，逐步形成了富有小班课堂教学特点的小班化课堂教学模式。

三、小班化课堂教学模式

1. 学案导学，自主达标

理论依据：心理学研究表明，当学生的观察能力有了一定的基础，他们就能根据学案的学习目标进行预习，具备初步的预习能力，可以实施学案导学。布鲁纳的"发现学习"理论强调：学生的学习应是主动发现的过程，而不是被动地接受知识。因此，通过学案导学，激发学生自主探究的学习动机是必要的。教学的最终目的不仅仅是教会学生"学会"，而是教会学生"会学"。教师必须有强烈的培养学生自主学习的习惯和能力的意识。

操作方式：学案呈现的内容包括学习目标、活动设计，练习，达标检测，研究性作业。学习目标要明确学生通过本章学习，学会什么知识，能做什么事，能体验到什么；活动设计中体现教师设计的活动能让谁来参加，单独活动还是小组活动，如何活动；练习中体现教师设计的练习是如何针对不同层次的学生的，是统一的练习还是分层次的练习，练习时教师可以提供哪些帮助；达标检测中体现教师检测的内容是什么难度的，检测时间多长，如何反馈；研究性作业中体现教师留什么样的作业，统一的作业还是分层次的作业，对于教师留的作业希望如何反馈。学案供学生课前使用，学生根据学习目标自主预习，完成课本和自主达标检测。上课前 5 分钟，学生交流并质疑，此时教师可以运用红笔进行部分批阅，了解学生掌握情况。

需要解决的问题：如果学生的基础薄弱，学习能力不强，或者学生的学习习惯和学习态度也存在问题,那么就需要教师在设立教学目标时必须适合学情，同时在起步阶段要上好预习课，指导学生通过学案进行预习。

躬耕笃行　潜心育人

2. 教师精讲，立体互动

理论依据：主体教育理论和建构主义学习理论都强调学生的主体地位和主观能动作用，同时也强调教师在帮助、指导学生过程中是教的主体，是帮助者和促进者，起主导作用。孔子倡导的"循循善诱"，意思是善于有步骤地引导、教育。教师的精讲有引导、启迪之意，是以学案为依托，培养学生的创新能力，教会学生正确思维的过程。维果茨基曾说过，交往与活动是人发展的源泉。有专家也指出：施教者与学习者、学习者与学习者、学习者与媒体等之间的相互作用，进而形成的教学互动能够充分发挥教师的指导作用和学生的主体作用。

操作方式：学生小组合作，组内交流，讨论质疑，合理利用白板汇报小组学习结果。小组间可以质疑、交流和评价。教师在调控全班的同时，可以参与到某个小组或某个问题的讨论之中，了解情况，提供帮助。学生在自主预习过程中暴露的问题，教师有针对性地进行精讲点拨，尤其在涉及思维过程的问题时，教师需要引导学生质疑，或者教师质疑、点拨和引导，帮助学生明确思维的过程。

需要解决的问题：教师在课堂教学中的精讲应该是学生讲不明白或不会讲的问题，教师的精讲还应该注重思路与方法，教会学生规律性的知识。学生在课堂上要尽量做到多说和多写，多说促进学生思维发展，多写促进学生学会表达解题过程和答题规范。另外，在互动过程中教师应注意对所有学生的关注，注意对课堂的调控。

3. 足量练习，关注全体

理论依据：任何知识技能的学习、掌握和巩固都离不开练习。练习是全面完成教学任务必不可少的重要手段。练习能把短期记忆的内容转化为长期记忆，能把知识进行组块，即将知识分类并系统化，增长经验。教育家孔子主张的"因材施教，因人而异"是最早的"分层教学"理论。新的课程标准指出：教学要面向全体学生，实现人人学有价值的教学，人人都能获得必要的知识，不同的人得到不同的发展。

操作方式：教师通过学案呈现分层递进和与中考或与其他大型考试相关的练习题。学生练习，教师有针对性地批改优秀学生和学困生的答案，了解他们的掌握情况，适时点拨，或发动同学间的"兵教兵"，分层次完成学习目标。

需要解决的问题：练习题要精心选择，与中考或其他大型考试题型相关；练习题要体现层次性，让不同层次的学生有选择的空间，可以通过星的数量来区分题目的难易程度。教师的批改要抓住"点——优秀生和学困生"，再由"点——优秀生"带动"面——全体同学"完成练习。

4. 当堂反馈，小组互评

理论依据：学生当堂学习的成就感就在于能解决问题。适时检测反馈，既可以了解学生学习的效果，为教师矫正教学方式提供依据，也可以培养学生学习的自信心，促使学生反思学习过程中的不足，催生学生学习的动力。维果茨基"最近发展区"理论指出，在交互和共同建构知识的过程中，学生在水平较高的同伴或教师的帮助下比单独学习能取得更大进步。因此，小组互评检测结果，能更好地促进学生的发展，提高课堂教学效益。

操作方式：教师根据教学目标和学习目标，设计分层次检测题，可以用星的多少来表示测试题目的难度，规定几星以下的题目是全体必做题目，几星以上是选做题目。所有考查题目以基本知识、基本能力为主，限时完成。教师先批改小组长同学的试卷，再由小组长对全组进行批改。结束后，小组长汇报本组成绩。在批改过程中，教师或小组长对其中存在的个别问题进行个别辅导解决；对其中存在的共性问题，则集体解决，做到"堂堂清"。

需要解决的问题：训练目标明确，合理控制题量。若短时间内不能完成反馈，教师可以根据实际情况灵活调整。当堂反馈，课后反馈均可，但切记要发挥小组的互助作用。

5. 分层作业，有效练习

理论依据：因材施教的教学原则。承认学生在个性和才能上的差异，主张根据学生的个性和特长有针对性地教育，注重补偏救弊，促进学生的正常发展。美国教育家布鲁姆认为，学生是具有独立人格、巨大潜能和个性差异的人，只要善于培养和提高学生的非智力因素，改善学生的兴趣、动机、情感、注意力等，智力因素相对落后的学生同样可以取得好的成绩。泰勒认为，教育的职能在于改变人类的行为方式。教育者要对学习者本身进行研究，了解学生的"需要"。分层布置作业。分层布置作业正是承认学生个体差异性的表现，也是教学以学生为主体的表现。分层作业可以体现学生在学习上的不同需求，使每一个学生的个性差异得到尊重。维果茨基的"最近发展区"理论告诉我们：课堂教学必须准确把握学生现有发展水平，认真研究学生正在形成的状态和正在发展的心理水平，最大限度促进学生认知水平的不断发展。因此，在作业设计环节，要让每个学生有自己的"最近发展区"，通过他人的帮助和自己的努力能够尝到成功的喜悦，以"成功"来激励自己，发挥求知的"内驱力"。

操作方式：教师将作业设计成必做题和选做题。必做题设计基本的、简单的、易于模仿的题目，用以促进知识的内化和熟练掌握；选做题可用学过的知识扩展学习内容，设计具有综合性和灵活性的题目，供大多数学生使用，通过迁移实现知识的同化。设计思考性和创造性较强的题目，给学有余力的学生选择，激发他们来挑战；同时可以设计一些课外阅读练习，提高学生的阅读能力。

需要注意的问题：教师的作业要精心设计，既有梯度又富有挑战性，激发学生课下学习的欲望。但教师必须把握好作业的反馈形式和反馈时间。及时的、鼓励性的反馈更能调动学生的积极性。

四、运用本模式的效果

1. 改善了师生关系

由于这种课堂教学模式改变了以教师灌输为主的教的方式，教师能够深入学生中间，了解学生的掌握情况，依据学生的掌握情况调整教学进度和策略，学生的感受得到了充分的尊重；在学生合作过程中，教师对学生有针对性的指导拉近了师生间的距离，促进了师生关系的改善。

2. 调动了学生学习的积极性

学案导学为学生的自主学习指引了方向，同时为学生的自主学习留下了足够的空间。因为有交流，有互助，能够调动学生的积极性，充分发挥学生的潜能，使学生乐于探究。

3. 增强了学生的合作意识

在练习和反馈环节，提倡"兵教兵"，提倡小组互评，培养了学生的合作意识和团队意识，让他们更深切地体会团队的力量和集体的荣誉感。

4. 提高了课堂教学效益

在相同的时间内，学生对知识的学习、各种能力的提高、情感的体验都达到了前所未有的水平，大大提高了课堂教学效益。

当然，小班化课堂教学形式可以多种多样，依据小班学生的人数、小班学生的特点、小班课堂教学的内容和课型都可以有所不同。小班化课堂教学的终极目标是"让每一个孩子都得到适合自己的教育，让每一个孩子都进步"。我们应该在今后的课堂教学中不断钻研，探索出适合学生的教育教学模式。

躬耕笃行　潜心育人

教学设计样例

—— Module 9 Unit 2 They're waiting for buses or trains 教学设计

教材分析

本节课是一节阅读课，是新版教材七年级上册 Module 9 People and places 第二单元 They're waiting for buses or trains，阅读文章没有题目。本课讨论的是英语课标中 24 个话题之一的"国家与民族"这一话题，为同属于这一话题的八年级上册第二模块 My home town and my country、第十一模块 Way of life 及九年级上册第十模块 Australia 的学习打下基础。学生通过学习，了解到世界上不同的城市所处区域不同、时区不同，因而人们在相同时间内所做的事情也不同。本课向学生介绍了不同国家的人们不同的生活方式，是国家与民族话题学习的开端，会使学生对中外文化的异同有粗略了解，并能与自己的学习和生活相结合，同时提高学习英语的兴趣，为以后了解、学习不同国家文化差异，拓宽视野，提高对中外文化异同的敏感性和文化鉴赏能力打下坚实基础，因此本课在整个教材中处于重要地位。

从内容上看，本节课以新闻报道的方式，介绍了世界上不同城市的人的生活方式不同。采取的是"总—分"的逻辑结构。第一段总体介绍了本课的主旨大意——在相同时间内，世界上不同地方的人们做着不同的事情。接下来五段分别介绍了伦敦、莫斯科、北京、洛杉矶和纽约五个城市人们所做的事情。通过介绍生活在不同城市的人们做的事情不同，体现文化的差异。

本节课的核心问题是运用本节课所学内容了解外国朋友的生活方式，同时也向外国朋友介绍中国人的生活方式。重点是通过阅读，掌握文章大意，了解世界上不同地域的人们生活方式不同。难点是准确运用现在进行时询问外国人的生活方式，介绍本国人的生活方式。而突破重点的关键在于灵活运用适当的阅读策略，掌握基本词汇如 moment、most、still，及短语 get off 的意思和用法，准确朗读 restaurant。突破难点的关键在于掌握现在进行时的用法，以及常用动词的现在分词形式。解决了重难点，那么本课的核心问题就迎刃而解了。

学情分析

本节课的授课对象是七年级上学期的学生，经过小学的学习，学生对现在进行时并不陌生，对现在进行时的用法有了一定的了解，为本课语法学习做好了准备。本课的生词 hot dog、drive、leave、place、thing 对学生来说根本不陌生，所以他们具备了理解文章大意的能力。同时，学生在地理课上了解了时区的概念，知道不同的城市所处时区不同。课文涉及的城市又是学生熟知的城市，因此他们对这些城市人们的生活方式充满兴趣，愿意了解更多内容，愿意向他人介绍本国人的活动。另外，学生在国际理解教育的氛围中加深了对别国文化的了解，为本课语言输出做好了情感的准备。

在新知识的学习过程中，在读前预测活动中，教师出示单词 moment，让学生依据以前学过的读音规则，试着准确朗读。再通过给出简短对话的方式，让学生理解这个词的意思。再通过幻灯片展示饭店就餐的图片，让学生理解并能够准确读出 restaurant，为接下来阅读扫除障碍。在阅读过程中出现的大量动词短语，可能会对阅读产生影响，但不会影响学生对文章的整体理解，新闻报道题材是学生首次接触，但教师通过框架图形式帮助学生理解应该没有太大困难。学生在语言输入的基础上，应能够通过角色扮演复述所学内容，并能够运用所学知识提问别国人的活动，再以明信片的方式进行表达，达到提高综合运用语言能力的目的。

躬耕笃行 潜心育人

学习目标

基础教育阶段英语课程的总体目标是培养学生的综合语言运用能力。这种能力的形成是建立在学生语言技能、语言知识、情感态度、学习策略和文化意识等素养整体发展的基础上的。本单元的总体教学目标是：

学生能够在教师的引导下通过简短对话、图片，猜测词义；通过图片，预测文本大意；能够运用 skimming、scanning 等阅读策略，获取文本信息；80%的同学能够通过运用本课所学的词汇（moment, restaurant, place, thing, most, still...）、短语（leave work, wait for buses, have afternoon tea, have a drink, have dinner, go to the theatre, watch a film, start one's lessons, eat hamburgers or hot dogs, drink coffee, see friends, call home...）、语法（现在进行时的用法及动词现在分词形式），构建新闻阅读框架图，并借助框架图和角色扮演复述课文；通过课文学习，询问别国人的活动，进一步了解不同国家的人不同的生活方式，能够了解文化的差异，尊重文化的差异，为以后进行深层次的文化鉴赏打下基础。

教学思路

本节课以英语教学法中的建构主义理论为指导，即利用情境，充分激发学生的好奇心，发挥学生的主动性和创新意识，最终达到对所学内容进行意义建构的目的。本课立足学情现状，充分运用图片和地图，帮助学生了解世界各地人们所做的不同的活动，构建新闻阅读的框架图，帮助学生初步了解新闻的阅读策略。学生通过角色扮演，理解、感悟文化的差异。学生可以依据兴趣自由组合，完成角色扮演和体验，这遵循了以学生为中心的原则；与西方国家人士进行真实视频交流，充分体现真实性以及情境性原则。在教学中，本课综合运用 PWP 教学法以及任务阅读教学法，结合视频、图片、PPT、简笔画、点读笔等手段，采取小组讨论、师生互动、小组展示等多种形式组织实施教学。

本节课的创新之处在于采用任务阅读教学法（构建新闻阅读框架图）以及与西方国家人士视频交流，体验地域的差异、活动的差异、文化的差异等。新闻阅读框架图的构建是本节课的重点也是亮点，教师搭建原始的框架，由学生逐步完善，在理解课文内容的基础上，初步了解新闻的形式，理解不同国家地域的不同、时区的差异、活动的差异，初步了解文化的不同。除了新闻框架图，与西方国家人士视频交流也是本节课的另一创新之处。通过真实的视频交流，真正让学生体会地域、时区的差异，既能帮助学生理解文化的差异，又能真实地交流，真正学以致用。

本课的基本流程：本课以一幅地图展示世界上不同的城市，链接不同的活动片段，导入话题，以教材为载体，通过三个环节——读前话题背景激活，有效预测大意；读中聚焦信息获取，构建文本语义结构图；读后分析重组文本信息，聚焦情景表达——来展开课堂教学。

具体教学流程

Module 9 Unit 2 They're waiting for buses or trains

学习内容 （教学环节）	学习目标	问题解决（核心问题、教学情境、学习方式、教学方式）
I. 学习重点词汇、短语；预测课文大意（pre-reading）	1. 正确朗读并在情境中理解 moment、restaurant 的含义	【核心问题】正确朗读并理解 moment、restaurant 的基本含义。 【教学情境】通过课件、图片创设情境。 情境 1：学生观看教师 PPT 展示的世界地图，上面标注五个主要城市，链接当地人们的主要活动视频。之后，师生就视频内容问答。在情境中初步感知本课涉及的五个城市地域不同、时区不同、人们的活动不同。 情境 2：教师提问：What are we doing now? 学生应该能做出 "We are having an English lesson." 的回答，然后教师出示 "At the moment, we are having an English lesson."，让学生根据自己学会的语音知识，试着朗读 moment；教师再出示对话 Mum: Supper is ready. Tony: One moment, please. I'm coming. 让学生猜测、理解 moment 的意思。 情境 3：教师出示饭店人们就餐的图片，提问 "What are they doing？" 学生回答 "They are having dinner/ They are eating hot dogs."，然后教师出示 "They are having dinner in a restaurant."，学生依据所掌握的语音知识准确朗读单词，并了解词义。 【学习方式】借助视频、图片进行探究式学习。 【教学方式】通过问题启发、探究。

躬耕笃行　潜心育人

学习内容（教学环节）	学习目标	问题解决（核心问题、教学情境、学习方式、教学方式）
	2.通过图片预测主旨大意	【核心问题】准确预测课文大意。 【教学情境】教师展示教材中的五幅图片，学生小组讨论 Are they doing the same things? Why /Why not? 【学习方式】小组讨论合作、探究学习。 【教学方式】问题启发，组织讨论。
II.获取信息，构建文本语义结构图（while-reading）	1.通过略读和找读，捕捉信息	【核心问题】验证猜测，归纳文章主旨大意。 【教学情境】构建框架图。 情境1：在学生根据图片进行猜测之后，学生快速阅读，将课文中的内容与图片进行匹配，验证猜测。 情境2：教师介绍这是一篇新闻报道，开头即是文章的主旨。同时板书主旨句，学生在点读笔的示范下，准确朗读句子。学生快速阅读，找出新闻细节，教师板书五个不同的城市。 【学习方式】快速阅读，小组交流。 【教学方式】组织反馈，阅读指导，总结板书。
	2.能通过默读获取文本主要信息，完成文本语义结构图	【核心问题】获取文本信息，将表格补充完整。 【教学情境】学生独立阅读，完成表格中的细节信息，同时对不同城市的时间、活动进行对比。 情境1：自主阅读，完成表格。 情境2：根据教师提供的信息核对答案，修改答案，提出问题。 情境3：教师适时引出句子 In London, it's five o'clock in the afternoon and people are leaving work and are going home. In Beijing, it's one o'clock at night, so people aren't having dinner. 帮助学生理解 and 和 so 的用法。然后学生根据自己的理解试着用 and 和 so 表达其他三个城市人们的活动。
	3.通过为课文选择合适的题目，加深理解新闻报道的特点，初步掌握概括主旨大意的能力	【核心问题】通过所给选项，为文章选出最佳题目，初步掌握新闻报道题目的特点。 【教学情境】给出不同新闻标题，让学生了解新闻标题的特点；给出四个不同的题目，选出最恰当的题目。 情境1：给出不同的新闻标题，学生默读，体会新闻标题的特点。 情境2：给出四个不同的新闻标题，选出最佳题目，并能够说出理由。 【学习方式】小组合作，自主探究。 【教学方式】点拨引导，帮助理解。

学习内容（教学环节）	学习目标	问题解决（核心问题、教学情境、学习方式、教学方式）
III. 借助语义图进行文章复述、转述；通过视频进行现场采访（post-reading）	1. 能借助语义结构图，根据所给情境转述课文	【核心问题】借助框架图，复述各国不同时间段人们的生活方式。 【教学情境】学生根据兴趣组成新的小组，在小白板上用框架图展示要谈论的城市，恰当运用连词谈论人们的活动。 情境：鼓励学生通过本课所学，根据兴趣自愿组成新的小组，一个小组作为 news reader，其他五个小组各选一个城市进行展示（将城市名贴在小白板背面），小白板放在不同的位置，合作将框架补充完整，并且介绍自己喜爱的城市人们的活动，注意准确使用现在进行时和适当的连词。介绍完毕，同学之间互相评价，教师总结。 【学习方式】小组合作，汇报表演，同伴互评。 【教学方式】创设情境，组织讨论，总结评价。
	2. 通过视频采访，了解地域的差异、时区的差异、活动的不同，理解文化有差异	【核心问题】理解地域时间有差异，活动不同，文化有差异。 【教学情境】视频采访。 情境 1：通过 FaceTime 与生活在美国的 Martin 进行视频交流。学生先以小组为单位讨论采访提纲，全班交流采访提纲，总结出采访问题，再选派代表进行采访。同时其他同学记录采访实况。 情境 2：假设你是 Martin，给在中国的妈妈写一张明信片，告诉她你在美国的生活片段。教师给每个学生发一张明信片，学生课后完成，学生的作业将在班级板报栏展出。 情境 3：呈现谚语，布置课后作业；呈现谚语，学生试着理解句子意思，结束课程。 【学习方式】课堂总结，课后复习。 【教学方式】总结提升，分层教学。
板书		People and places At the moment, in different places of the world, people are doing different things. London: 5 pm. leave, go Moscow: 8 pm. have, go, watch, play Beijing: 1 am. sleep, work, go LA: 9 am. work, start NY: 12 am. have, see, call, shop

附:

教学后反思

这是一节阅读课,依据阅读课的培养目标、学生的实际情况,结合本节课课文内容的特点,我主要设计了三个环节。

I. 读前话题背景激活,以微视频的形式导入 different people are doing different things 这一话题,直接过渡到本课内容;在情境中学习主要词汇,有效预测大意。

II. 读中聚焦信息获取,验证猜测;归纳文章主旨大意;构建文本结构图,学生通过快速阅读将表格补充完整,同时对不同城市的时间、不同城市人的活动进行对比;为文章选出最佳题目,初步掌握新闻报道题目的特点。

III. 读后分析重组文本信息,聚焦情景表达;学生依据兴趣组成新的小组,借助框架图,复述各国不同时间段人们的生活方式;通过 FaceTime 与生活在美国的 Martin 进行视频交流,了解地域的差异、时间的差异、活动的不同,理解文化有差异;假设自己是 Martin,给在中国的妈妈写一张明信片,告诉她自己在美国的生活片段,实现相对真实的交流。

本节课在设计时力求恰当运用信息技术手段,如读前的微视频展示,阅读过程中的点读笔使用,运用 FaceTime 的交流等,期望通过这些手段的恰当运用能够激发学生的兴趣,帮助学生更好地朗读,创设相对真实的语境,让学生"在用中学"。在实际授课过程中的确实现了读前能让学生有兴趣地学,读中能让学生高水平地朗读,尤其是读后的 FaceTime 交流,为本节课所学创设了很好情境,更好地促进学生对异域文化的理解。

在授课过程中也有惊喜产生,在学生小组展示环节,学生居然能够将日常学校电视台的机器当作道具运用在展示中,使得展示环节更加真实,切合学生的生活实际,更加凸显了信息技术在课堂教学中的运用空间是无限的。在学生采访后，本来设计的是给 Martin 的妈妈写一张明信片，告诉妈妈自己在美国的生活，但授课过程中，我认为给爸爸写明信片更加符合逻辑，于是做了改动，情境更加真实。

本节课也有不足，如学生小组展示环节，为了使展示相对真实，我要求学生在自己的位置展示，凸显地域的差异，但展示过程中学生的声音、表情及小白板内容的展示还有待于进一步完善，在今后的课堂教学中应进行更加细致的培养。

躬耕笃行　潜心育人

交互多媒体环境下的读、写教学策略

—— 以"一师一优课"部级"优课"七年级上 Module 9 Unit 2 为例

引 言

交互多媒体环境，我的理解就是教育信息化环境。当前全球教育信息化进程，已从强调"软、硬件基础设施建设"的初始阶段，进入强调应用尤其是"教学过程中应用"的深入发展阶段。信息技术与教育的深度融合，就是借助多媒体技术在教学过程中营造一种信息化教学环境。这种环境既能够充分发挥教师的主导作用，又能够突出体现学生的主体地位。教师通过数字媒体创设情境，将学生引入读写氛围之中，通过关键问题引领，帮助学生深刻理解文本信息，在读写输出环节，学生可以运用媒体技术进行读的结果展示，教师也可以运用信息技术创设写的契机，激发学生的表达欲望。通过营造信息化教学环境，创新教与学方式，改变课堂教学结构来构建立体化英语课堂。

1. 交互多媒体环境下的真实读写环境的创设策略

1.1 读前准备：注重氛围创设和背景激活

"读者的背景知识会影响到阅读理解"（Carrell，1983；Carrell and Connor，1991）。背景知识包括读者阅读语篇时已有的全部特质：生活经历、教育经历、语法知识、母语知识、第二语言知识以及文化背景知识等。在课堂起始阶段为学生创设一种轻松、和谐的学习氛围，能够使大多数学生都乐于参与学习活动。教师可以依据文本内容将收集来的数字图片制作成数字故事或者微课，创造较为真实的语言情境，激活学生的已有知识，激发学生的学习兴趣和主动学习的动机。学生的背景知识被激活，他们的阅读理解能力就能够大幅度提高。在过程中还可以通过微视频、图片等帮助学生回忆、学习与阅读语言材料相关的词汇，扫清文本中的词汇障碍，引入话题，让学生对目标语言知识和期望达到的结果有一个充分的预期和心理准备。背景知识被激活，让学生成为自主的语言学习者，因为"只有学生成为学习的主体，才能产生学习兴趣，与教师共同构建富有生命活力的课堂"（顾志跃等，2009）。

【课例呈现】

核心内容：学习重点词汇、短语；预测课文大意（pre-reading）

情境1：学生观看教师 PPT 展示的世界地图，上面标注的五个主要城市，链接当地人们的主要活动。之后，师生就视频内容问答。在情境中初步感知本课涉及的五个城市地域不同，时间不同，人们的活动不同。

情境2：教师提问：What are we doing now? 学生应该能做出"We are having an English lesson."的回答，然后教师出示"At the moment, we are having an English lesson."，让学生根据自己学会的语音知识，试着朗读 moment；让学生猜测、理解 moment 的意思。

情境3：教师出示饭店人们就餐的图片，提问"What are they doing?"，学生回答"They are having dinner/They are eating hot dogs."，然后教师出示"They are having dinner in a restaurant."，学生依据所掌握的语音知识准确朗读单词，并了解词义。

情境4：教师展示教材中的五幅图片，学生小组讨论 Are they doing the same things? Why /Why not? 通过讨论图片中人们的活动不同，初步理解世界上处于不同时区的人们正在做不同的事情。

1.2 阅读过程：聚焦信息获取、处理和分析

阅读过程应该是读者主动获取信息，分析、处理信息的过程，更应该是读者积极预测并破解作者写作意图的过程，这样的过程会涉及不同的阅读策略和方法。教师的阅历、见识、理解力及思维能力都是学生阅读的有力支撑。教师可以通过自己对教材文本的理解，帮助学生搭建教材文本的结构框架，

通过信息技术手段，帮助学生深刻理解文本信息。在交互多媒体环境下，教师通过思维导图、结构图的展示等多种技术手段，在课堂上与学生进行多种形式的交流，帮助学生主动探索，主动发现，主动完成对文本内容的意义建构。交互多媒体环境下，技术的使用使得师生之间相互学习的机会增加，而教师需要让学生明确阅读的目的是为了理解，在带领学生阅读的过程中教会学生阅读策略，并设法帮助学生主动地融入学习过程之中，慢慢地将策略转化为技能。

【课例呈现】

核心内容：获取信息，构建文本语义结构图 (while-reading)

情境 1：在学生根据图片进行猜测之后，让学生快速阅读，将课文中的内容与图片进行匹配，验证猜测。教师板书五个不同的城市，为后面形成文本结构框架做好准备。

情境 2：教师介绍这是一篇新闻报道，开头即文章的主旨。同时板书主旨句，学生在点读笔的示范下，准确朗读句子，明确新闻主旨句的朗读方式。

情境 3：学生独立阅读，找出新闻细节，完成表格中的详细信息，同时对不同城市的时间、不同人的活动进行对比。

情境 4：教师适时引出句子 In London，it's five o'clock in the afternoon and people are leaving work and are going home. In Beijing, it's one o'clock at night, so people aren't having dinner. 帮助学生理解 and 和 so 的用法。然后学生根据自己的理解试着用 and 和 so 表达其他三个城市人们的活动。

情境 5：给出不同新闻标题，让学生了解新闻标题的特点；给出四个不同的题目，选出最恰当的题目。

1.3 读后活动：尊重学生真实体验和能力提升

读后语言输出既是信息转化的过程，又是学生对所学教材内容进行二次加工和创造的过程。在这个阶段，教师可以结合学生实际，创新表达方式，如通过角色扮演、新闻播报、辩论、歌曲演唱、发邮件等方式帮助学生深入领会教材内容，合理进行文本加工。学生通过接触、操练真实自然的语言，在课堂上担任活跃的社会角色，参与互动的学习、讨论、信息收集和意义共建，充分体现语言学习的工具性和人文性特点。体验活动主要通过小组合作的形式进行，这样既能够帮助学生学习语言知识，又能够引导学生注重挖掘文章的情感要素，关注情感体验，同时还能够很好地了解课文所包含的文化内涵，真正使英语学习过程成为学生"丰富生活经历，开发思维能力，发展个性和提高人文素养的过程"（教育部，2011）。

【课例呈现】

核心内容：借助语义图进行文章复述、转述；通过视频进行现场采访（post-reading）

情境 1：鼓励学生根据本课所学、根据兴趣自愿组成新的小组，一个小组作为 news reader，其他五个小组各选一个城市进行展示，并且介绍自己喜爱的城市人们的活动，注意准确使用现在进行时和适当的连词。介绍完毕，同学之间互相评价，教师总结。

情境 2：通过 FaceTime 与生活在美国的 Martin 进行视频交流。学生先以小组为单位讨论采访提纲，全班交流采访提纲，总结出采访问题，再选派代表进行采访。同时其他同学记录采访实况。

情境 3：假设你是 Martin，给在中国的妈妈写一张明信片，告诉她你在美国的生活片段。教师给每个学生发一张明信片，学生限时完成，课堂上展示两个学生的作品。其他学生的作品收集后转交 Martin 的妈妈，并由她真实地表达自己对这些作品的感受。

2. 交互多媒体环境下的文本信息解读策略

2.1 信息转换

英语学科的核心素养包括语言能力、思维品质、文化意识和学习能力。在阅读过程中，思维导图的恰当使用可以促进语言能力和思维能力的共同发展，通过思维导图展示课文的逻辑、结构，能够更好地帮助学生理解课文，把握文章的逻辑关系，提升学生的思维品质。在交互多媒体环境下，教师可以通过技术手段清晰地呈现文章作者的思维过程、故事发展的顺序。在师生互动过程中，教师与学生一起建构阅读篇章的信息结构，通过个性化思维工具将文本文字图示化，增加对语言材料的深刻理解。

躬耕笃行　潜心育人

【课例呈现】

在读中环节，学生依据自己对文本的理解，设计框架图。小组内互动交流，形成对文本的整体理解。

2.2 观点体验

体验是指在实践中认识事物，亲身经历。通过体验获得的东西能够使学生感到更真实，并能在大脑记忆中留下深刻印象，在以后的生活实践中，他们可以随时回想起曾经亲身感受过的生命历程，因而会对未来的生活或实践有更好的预感。师生共同阅读分析出本文的主要观点，这样的观点提出之后即成为基础性知识，学生可以记住，但若能够真正理解就需要设计相关活动，让学生在真实的活动中体悟、理解、内化，形成一种文化意识。在交互多媒体环境下，教师可以通过数字媒介为学生创造体验观点的机会或者是进行观点再表达，在用自己的方式表达观点的过程中，深刻理解文本的主要观点，并能够内化成自己的固有知识。

【课例呈现】

在读后环节，教师让学生自主选择文本中出现的五个城市中的一个，通过自己喜欢的方式，向大家介绍当地人们的活动，在展示和介绍中体会文化的差异。

2.3 文化内涵渗透

《国家中长期教育改革和规划纲要（2010—2020年）》明确要求"加强国际理解教育，推动跨文化交流，增进学生对不同国家、不同文化的认识和理解"。英语阅读课堂是开展国际理解教育的沃土，可以结合阅读语篇内容，引导学生关注语言和语用中的文化因素，理解其他国家人民的生活方式、思维方式和他们的文化传统。在交互多媒体环境中，可以通过数字媒体资源，帮助学生在阅读中发现中外文化的异同，逐步提高学生对不同文化的理解力，为未来开展跨文化交际做准备。

【课例呈现】

在读后环节，教师创设情境，让学生与生活在美国的 Martin 进行视频交流，真实了解文化的差异。

3. 交互多媒体环境下的阅读技能培养策略

3.1 关注文体

"从语言教学上看，英语语料作为英语文字、信息传播、理解筛选、情感交流、智能发展的载体，在语言、信息（文化）、策略、社会和思维方面影响着阅读者和教学者"（葛炳芳，2015）。英语教材中提供了日常生活中常见的、多样化语料，帮助学生理解文体才能帮助学生读懂语篇所要表达的意思，帮助学生剖析问题才能帮助学生了解英语的写作特点。不同的文章内容会采取不同的逻辑结构方式，在常见的阅读文体中，教师可以充分运用媒体资源，多角度呈现相同文体的结构特点，帮助学生明确文体特点及阅读这种文体应该运用的阅读策略。

【课例呈现】

在读中环节，在学生整体阅读的基础上，教师引导学生理解这篇文章的体裁是新闻报道，同时了解新闻报道的文章结构。

3.2 探寻主题

"能抓住文章大意""能找出文章中的主题"是课标中对语言技能——读的要求。为课文选择或添加标题也是主要的"读中活动"。探寻主题可以很好地检测学生获取信息、处理信息的能力。在交互多媒体环境中，教师可以通过多种手段，帮助学生抓住文章大意。在低年级，教师可以设计备选答案，让学生判断选择；在高年级，教师可以自主提炼文章主题，并通过多媒体技术进行分享。学生语言能力的发展不是按照课标规定的级别发展的，有效利用教材内容，潜心挖掘教材价值，科学有效设计提高学生阅读能力的活动才能使课堂真正智慧而深刻。

【课例呈现】

在读中环节的结束部分，教师让学生明白一篇新闻报道是应该有标题的，教师设计四个新闻标题，让学生依据文本内容，选出最合适的标题。

3.3 自主体验

阅读分为默读和朗读两种。默读是为了获取信息，理解信息；而朗读是在正确理解信息的基础上的一种输出型表达，它是一种出声的阅读方式，是把文字转化为有声语言的一种创造性活动。在阅读过程中，教师要运用点读笔帮助学生融入语境，准确地体会重音、节奏、意群等变化所带给人们的不同情感，帮助学生分析重点句子的语音情感，通过点读、跟读、录音等功能，帮助学生深刻领会文本内容和作者情感。在体验过程中鼓励学生将文本内容迁移、模仿造句，为未来的口语表达和书面表达积累素材。

【课例呈现】

在读中环节，针对文本中出现的主旨句、重点句，教师让学生运用点读笔听教材范读，模仿教材朗读，最后自己有感情地朗读。在不同方式的读中体会文本的意义。

4. 交互多媒体环境下的读写结合任务设计策略

4.1 教师充分解读文本材料

"教材是实现教学目标的重要材料和手段。在教学中，教师要善于根据教学的需要，对教材加以适当的取舍和调整"（英语课程标准，2011）。在教学准备时，教师要"明确语篇要直接或间接地解决什么问题，了解所学文本与学生已有的知识或者能力的'空当'（gap）在哪里"（葛炳芳，2012），教师还要能够明确学生从语篇中可以提升哪些与写相关的语言知识和语言能力，在明确教学实际需要和了解学生现有水平和学习需求的基础上，在阅读课教学中适当合理取舍，可以重点设计某些文段的阅读方式，还可以有效利用数字资源，进行相关内容的链接，增加学生对语言内容的感受，促进相关思维的发展。

【课例呈现】

在读后环节，教师为学生创设情境，让学生扮演新闻播报员，扮演自己喜爱的城市里的人们，通过口头陈述的练习，为后续的书面表达做准备。

4.2 学生真实参与语篇交际

"培养学生用英语做事情的能力"是课程标准的明确要求。"活动要有明确的交流目的、真实的交流意义和具体的操作要求，并为学生提供展示学习成果的机会，使学生能够在个体和合作的实践活动中发展语言能力与思维能力，并能够在展示活动中感受成功"（义务教育英语课程标准，2011年版）。在预设与生成的交互过程中，教师要帮助学生真正理解语篇，逐步实现语言知识的内化；在读后环节，教师要科学设计读写活动，帮助学生在相对真实的任务下进行交际，准确表达个人观点和真实感受，真正提升语言运用能力。交互多媒体环境下，学生可以运用媒体技术完成写的任务，也可以将写的内容通过媒体展示和交流，实现多角度利用文本，读写相互促进，真正帮助学生学会用英语做事情。

【课例呈现】

在读后环节，学生采访Martin之后，以Martin的身份，以写明信片的方式，给在中国的妈妈汇报一下自己在美国的学习情况，真实的交际内容，真实的交际需要，让学生学会用英语做事情。

阅读教学不仅要培养学生的阅读能力，更要培养他们的思维能力。在阅读教学中，教师创造性使用教材，利用计算机和互联网将英语课堂活动转换为真实的语言运用活动，充分激活学生的背景知识，在交互多媒体环境下，让学生真实地参与语篇交际，促进学生思维能力发展。教师若能够设计出具有创造性和深刻思维性的语言训练项目，让学生在真实的活动中表达内心的真实感受，他们才能够在语言习得中逐步提高语用能力，才能够在综合性语用活动中提升学科核心素养。

躬耕笃行　潜心育人

躬行实践，增加文化体验

模仿和表演是孩子的天性。开展英语学科活动可以给学生创造机会，在释放天性的同时，以润物细无声的方式培养学生的想象力、创造力、批判性思维、同理心等。通过英语学科活动的开展，提升学生的多元文化意识，培养学生的批判性思维能力，增强文化自信力，真正把学生培养成为具有中国情怀、国际视野的社会主义建设者和接班人。

一、明晰育人目标

教育部《中小学德育工作指南》中明确要求：

1. 外语课要加强对学生国际视野、国际理解和综合人文素养的培养。

2. 要精心设计、组织开展主题明确、内容丰富、形式多样、吸引力强的教育活动，以鲜明正确的价值导向引导学生，以积极向上的力量激励学生，促进学生形成良好的思想品德和行为习惯。

英语的课程标准也明确提出英语学科的培养目标是"促进学生英语学科核心素养的发展，培养具有中国情怀、国际视野和跨文化沟通能力的社会主义建设者和接班人"。

基于国家的培养目标、课程标准的要求，基于我校学生的实际，我们确定我校开展的英语学科活动的目标：

1. 了解不同文化的共同之处，尊重差异的存在

帮助学生了解文化之间有差异。文化是多元的，不同文明之间存在着独特的性质和精神内核。通过学习和开展活动，帮助学生理解不同文化之间的共同之处，加深对本民族文化的理解，树立文化自信的意识，理解并尊重其他文化的存在价值。

帮助学生形成求同存异的价值取向。习近平总书记曾经说过"志同道合是伙伴，求同存异也是伙伴"。伙伴就要相互学习，相互借鉴。通过英语学科活动的开展，帮助学生理解多元文化的存在价值，并能够尊重差异，在体验中发展批判性思维能力，真正理解"求同存异"，培养大局意识。

2. 在具体情境中感受体验，形成多元文化视角

搭建缩短时空距离的支架，创设具体的教学语境，引导学生感受和体验。在理解内容、品味语言的过程中让学生感受人物形象，加深对文化的理解。

3. 初步具有用英语讲好中国故事的意识

语言学习的目的是使用语言，使用语言与外国人交流，运用所学语言讲述本民族的故事。虽然我们的学生在这方面水平有限，但我们应该培养他们具有这样的意识。

二、甄选实施途径

1. 选择合适的内容

坚持正确的育人导向，尊重课标的要求，结合学生的年龄特点，甄选英语学科活动的内容。

2. 创设合适的学科活动

依据学生的年龄特点、学校的可用资源、英语教师的能力水平，创设合适的学科活动，达到育人的目的。

3. 提升学科活动中学生的参与度

英语学科活动是全体学生的学科活动。从活动内容的选择，到活动方式的创设，以及活动过程中强调尽可能多的学生的参与，让每个学生在活动中均有收获。

4. 发挥评价的导向和激励功能

在学校树立"展示就是最好的评价"的观念。教师乐于为学生搭建展示的舞台，学生乐于在舞台上展示，我们学校确定的"自信"内涵之一就是"敢于表达，声音洪亮，大方得体"，每个学生的每次展示，都是别人学习的机会，都是得到激励的契机。

躬耕笃行　潜心育人

三、英语学科活动实例：万圣节探秘之旅

【案例背景】

《义务教育英语课程标准》中文化意识五级标准规定：了解世界上主要的节假日及庆祝方式。万圣节是西方国家有代表性的传统节日，学生对此很感兴趣，尤其对服装和"Trick or treat"印象深刻，但学生喜欢的只是刻南瓜灯，把自己打扮成女巫和鬼怪，要糖吃，并不了解节日的真正内涵。学校计划开展一次"万圣节探秘之旅"，帮助学生更加深入了解节日相关知识，关注中外文化异同，并能够自主做出选择是否需要过"洋节"，在活动中培养学生具有尝试用英语讲述中国故事的意识。

【活动目标】

1. 了解万圣节的相关知识，扩大文化视野。

2. 理解节日背后有文化影响。

3. 学会介绍节日的主体框架，并能够迁移到新的任务之中。

【活动前准备】

1. 组建活动小组（每组 6 人）。

本次活动小组分工采用拼图教学法（jigsaw）的分组策略。

2. 角色分工，完成下列任务：

A. 自主学习，查阅书籍和网络，整理与万圣节相关的文化内容；

B. 南瓜灯制作，上网查找制作方法，在家动手制作；

C. 准备鬼怪服装，学跳万圣节狂欢舞蹈。

【活动过程】

1. 环境创建：用学生自制的南瓜灯布置场地，桌面摆上糖果，学生穿上鬼怪服装，营造氛围。

2. 情境创设：穿着鬼怪服饰的学生进行开场舞表演。

3. 分享交流

（1）每组查阅相同信息的同学组建专家组，分享信息。

G1：When did it begin?（起源）

G2: Why do people celebrate it?（原因）

G3: What do they dress themselves?（服饰）

G4: What food do they eat?（食物）

G5: What traditional activities do they do?（传统活动）

（2）回归自然组，汇报交流。

5位成员分享自己在专家组学习的成果。下面仅展示一个问题的汇报内容

Why do people celebrate it?

S1: They have the holiday to celebrate their harvest.

S2: They have the holiday to mark the end of the summer.

S3: They have the holiday to relax themselves.

S4: They have the holiday to remember the dead.

S5: The shops hope to sell more things.

S6: They have the holiday so that the children can have fun.

S7: It's a time for family to get together.

（3）选择本组擅长的方式进行汇报展示。

以PPT汇报节日的由来。

教师呈现介绍万圣节的微视频。

（4）活动体验

以舞蹈展示万圣节的装扮，体验一个不一样的自己。

以"Trick or treat"来展示孩子在万圣节中的乐趣。

【合作学习】

以小组为单位用思维导图呈现介绍节日的主体框架。

学生依据在活动中了解的内容，绘制思维导图，把自己认为介绍一个节日应该涵盖的方面及主要语言形式展示出来。

教师展示一个更加完整的节日介绍框架，帮助学生形成图示化的知识。

【活动感悟】

活动以后，以个人反思的形式写出学生对本次活动的感悟。下面展示的是几个同学的感悟。

S1：我知道了万圣节更多的与文化相关的知识。

S2：我觉得西方国家的节日更疯狂。

S3：我觉得"Trick or treat"在中国不可行。

S4：我们中国有自己的传统节日，西方国家也有自己的传统节日。

S5：与中国的节日一样，外国节日也有很多传统和习俗，我们需要了解。

【活动延展】

查阅中国春节相关内容。

试着制作微视频，向外国人介绍中国的春节。

【结语】

通过查阅资料，在创设的情境中感悟、理解不同文化背景中节日的庆祝方式不同。以具体活动为媒介，引导学生了解外国文化，加深理解本国文化，增强探索世界的意识。将学生放在具体的境遇中，让他们面对选择，做出选择，有机会使自己的批判性思维能力更强，真正理解"求同存异"的深刻内涵。英语学科活动是帮助学生提高核心素养的桥梁。通过创设适切的学科活动，帮助学生理解多元文化，形成文化交际意识，发展跨文化交际能力，这是一个长久的过程，需要我们坚持不懈的努力。

【思考】

在学科活动中进行思想道德教育的内容很宽泛，值得思考，值得探究，但我们的学科活动一定是为了人的发展，这是最大的德育。

主题英语节促进学生全人成长

背　景

党的十八大报告指出"把立德树人作为教育的根本任务"，党的十九大进一步强调"落实立德树人根本任务，发展素质教育"，这些要求必须落实到课程方案当中。2017版新课标提出课程的基本理念是"发展英语学科核心素养，落实立德树人根本任务"，提出"课程具有重要的育人功能，通过发展学生语言能力、文化意识、思维品质、学习能力，落实立德树人任务"；提出"教师应该设计具有综合性、关联性和实践性特点的英语学习活动，使学生通过学习理解、应用实践、迁移创新，发展多元思维和批判性思维，提高学习能力和应用能力"；还提出"以主题为引领，使课程内容情境化，促进学科核心素养的落实"。我们学校的办学特色是国际理解教育，是指在国际社会组织的倡导下，以"国际理解"为教育理念而开展的教育活动，其目的是培养青少年在对本民族主体文化认同的基础上，尊重、了解其他国家、民族、地区文化的基本精神及风俗习惯，学习、掌握与其他国家、民族、地区人民平等交往、和睦相处的修养与技能，探讨全人类共同价值观念，增进不同宗教信仰和文化背景的民族、国家、地区的人民之间的相互理解与宽容，"将事实上的相互依赖转变成为有意识的团结互助"。国际理解教育课程开发和实施是开展国际理解教育实践的一个重要途径。我校在学科教学中渗透国际理解教育理念，更重视基于国际理解教育的主题活动课程的设计和实施。

一、明确育人目标，确定活动主题

课标中提出"注重素质教育，体现语言学习对学生发展的价值"，基于这

躬耕笃行　潜心育人

一理念，我们将主题英语节活动目标确定为：

1. 对英语学习的兴趣更高，具体表现为更乐于参与到语言学习相关的活动中来；

2. 提高语言运用能力，具体表现为能够用所学语言讲述自己或周围人的故事，并能够理解和欣赏别人的故事；

3. 发展自主学习能力，具体表现为能够自主选择表现的方式、表演的内容，并能够自主改编，还能在必要的时候主动寻求帮助；

4. 提高合作意识和合作能力，具体表现为在参与英语学习活动时能够尊重团队成员，共享相关信息，包容同伴的个性，恰当沟通分歧，初步表现出领袖气质；

5. 提高自信心，具体表现为精神面貌活泼有生机，肢体语言轻松自如，语言表达坦诚开放。

基于以上具体目标，我们确定英语节的主题为"Everyone owns English! — Share the culture, brighten our life!"，期待通过主题英语节营造浓厚的英语学习氛围，分享英语教学成果，展示学生的英语才能。充分挖掘每个学生的潜质，力争使人人参与，人人快乐，人人有收获。让校园英语节成为每个孩子的节日，让每个孩子从轻松愉快的活动中感受英语、应用英语、体验学习英语的快乐；让每个孩子在活动中找到自信，让英语走近每个孩子，让每个孩子找到自己身上英语学习的潜力，增强自信心，增强开口讲英语的能力，努力培养学生的创新精神和实践能力，丰富校园文化。

二、开展节日活动，搭建展示平台

课标中"强调学习过程，重视语言学习的实践性和应用性""如何给学生提供最佳的体验学习环境，提高合作活动的机会"是需要努力探究的主题。我们的主题英语节活动是探究实现这一目标的重要手段之一。

在主题英语节期间，学校洋溢着英语节日的氛围，从环境的布置，到海报的展示、校园广播电视播放的内容、节徽、吉祥物的征集、大赛的宣传等，都突出展示了"人人参与，人人分享"的主题节日情境，营造了真实的英语学习语境。主题英语节活动分为日常竞赛和现场展演两部分。日常竞赛包括：英语主题演讲比赛、词汇知识大赛、阅读竞赛、语音过关赛、朗读大赛、课本剧比赛、英文歌曲演唱、英语书法过关赛、英语写作大赛等。现场展演部分是从各项比赛中选拔优秀选手进行现场展示，并增加教师表演和现场互动的环节。其中日常竞赛在平时进行，在主题英语月更集中一些，比赛结果个人奖项在平时颁发，团队成绩累计分数，在现场展示时颁发团队优胜奖。

日常竞赛相关安排

序号	比赛形式	参与人员	评价人员
1	主题演讲	每班两名优秀选手	英语教师
2	词汇知识	全员	学生评委
3	阅读竞赛	全员	英语教师
4	语音过关	随机抽取	学生评委
5	朗读比赛	随机抽取	跨年级评委
6	课本剧	每班一个小组	英语教师
7	歌曲演唱	每班一首歌	学生评委
8	书法过关	随机抽取	学生评委
9	写作大赛	每班五人	英语教师

在主题英语节活动中，我们根据各年级学生学习内容的不同、学习目标的递进式发展、每个学生的个性特长不同，设计不同的活动和比赛，确保每个学生都有机会参与，并能够在活动中有展示自己的机会。

我们的活动内容涉及基础语言知识过关、基本读写能力过关，凡需要全员过关的内容，我们采取全员参与或随机抽取的方式，确保每个学生参与过关赛，完成基础知识和基本技能过关。对于可以展示个性特长的项目，我们在班内人人参与选拔的基础上，选出能代表班级水平的小组或个人参与年级比赛，为语言能力水平高的学生搭建展示的平台。为了班级荣誉，为了团队展演，学生们在英语教师的带领下，不断地调整、修改、排练，不仅提高了语言表达能力，更增强了团队写作能力，部分同学初步展现了领导者气质。

Welcome to our English Day！

第三届"世界你好"外语节成果汇报节目单

顺序	节目形式	节目名称
1	歌舞（开场）	I'll fly（我要飞翔）
2	校园情景剧	Our school trip（春游趣事）
3	脱口秀	A new comer's solo（新生心语）
4	表演唱	Chengdu（成都）
5	电影配音	Coco（《寻梦环游记》片段）
6	舞蹈	Moves like Jagger（尽情舞动）
7	童话剧	Who'll be the next king of the forest?（谁将是森林里的新国王？）
8	英语歌曲联唱	Lemon tree（柠檬树），Five hundred miles（五百英里），Proud of you（挥着翅膀的女孩）
9	模拟演讲	I have a dream（我有一个梦想）
10	英语歌舞串烧	Beautiful now（美在当下），Shake it off(通通甩掉)，Rhythm of the rain(雨的旋律)
11	情景剧	A cow boy's adventures in dreamland（牛仔历险记）
12	配音	Zootopia（《疯狂动物城》片段）
13	歌舞	Something like this（就这样吧）
14	童话剧	Snow White（《白雪公主》片段）
15	歌舞及朗诵	I'll follow him(我将追随他）

在现场展示活动中，我们尽可能给更多的学生展示机会，在日常比赛的基础上，选拔优秀选手或团队参与展演。

在展演过程中，我们还设计了神秘嘉宾表演、外语教师表演、学生模拟演讲、现场互动等，调动所有同学现场参与的积极性。

在主题英语节活动中，全体外语教师参与，按照具体分工承担需要完成的任务。

内容	要求及标准
全员动员会、安全会	副校长组织召开，亲自动员
班级节目	1. 各班外语老师在 QQ 群里上报各班节目类别、名称及参演学生人数 2. 各班外语老师与班主任老师协商，安排学生利用自习时间在专业教室练习节目
制定节日方案	定位要高，设计合理，多次完善，便于落实
项目碰头会	参与人员：副校长、教研组长、备课组长共同完善活动程序
制定项目书	教研组长完成，内容要求具体，流程清晰，责任人明确
主持人选拔和培训	一位教师做主持人，带领两名学生主持人。教师负责主持稿撰写
吉祥物征集和彩旗制作	教研组长负责设计海报，召开各年级学生会议，布置任务，确定交稿期限。制定评价标准，组织学生对来稿进行评选，确定获奖名单。选出学生最喜爱的吉祥物并设计制作奖品和彩旗
全校准备会	外语组全体教师在会议室集中，公布活动方案及人员分工，确定教师联唱名单、学校及班级主题节目单等
确定节目	按照课程方案建议设置不同风格及主题的节目，根据需要整合节目，各班需服从，以大局为重
学生着装及用品	1. 演出学生着演出服，观众正常穿班服或校服 2. 学生以班级为单位可以准备活跃晚会气氛的荧光棒等用具 3. 学校统一制作吉祥物、彩旗
教师歌曲联唱	演出人员和曲目在准备会上最终确定，参演教师认真准备，记住歌词，确保节目质量
初三学生歌曲联唱	演出人员的培训和指导要到位，初三学生学习任务重，只彩排一次
校领导歌曲联唱	演出人员和曲目在准备会上最终确定。××老师负责非英语学科领导的培训和指导

躬耕笃行 潜心育人

内容	要求及标准
礼仪学生组织培训	初二年级出 8 名女生当礼仪员，听安排进行站位及训练，组织颁发班级及个人奖状
奖状设计制作	班级的大奖状、演员个人的积分奖状都要体现学校英语节的特点
彩排时间和要求	第一次：全体参与活动的教师学生（具体时间待定） 第二次：根据第一次彩排情况，待定 各个节目上下场事先安排、设计好，以免耽误时间；彩排人员的通知与管理
电子邀请函	主题突出，意境优美
全场节目的音乐	各节目负责的外语老师上传相关节目需要用的伴奏
语言类节目的视频或PPT	各节目负责的外语老师上传相关节目需要用的视频或 PPT
各年级外语活动视频、照片收集整理	联系各年级英语和日语老师，收集整理各年级各项外语活动视频和照片资料，所有的照片视频资料 × 日下班前上传给 ×× 老师
演出稿的收集	彩排结束，跟主持人和各个节目（特别是语言类）负责老师要稿件，存档
节目单制作	各主题节目确定后彩印
程序单制作	按照各环节的时间节点来确定每项工作的任务，责任到人
摄像、照相设计	提前设计好各个节目及篇章的拍摄角度、位置及内容
音乐和视频彩排	各班提供的音乐和视频及 PPT 背景材料，× 日下班前剪辑完毕，× 日彩排
走廊展示电子相册和开场视频制作	在外语节结束的第二天下班前制作完成

内容	要求及标准
各楼层走廊电子相册展示宣传	与信息老师联络关于播放展示效果的调控
活动场地布置	搭建舞台、设置灯光和 LED 屏幕、调试音响、布置参会人员座椅和场地等
制定安全预案	制定周密的安全预案，定点、定人、定职责，制定出楼层定岗人员分布图，会前召开安全专项会议
观众席布置	学生观众的座位安排，学生入场、退场的调控、调动
中午化妆	午饭结束后开始，演员化妆由教师和家长共同完成
学生入场和退场	学校统一调动，×主任提前组织体委、班长出示场地示意图
接待来宾	迎接来宾、安排就坐等
安全保障	关注现场活动的安全，防止意外发生
候场区管理	LED 大屏后面为候场区，候场区要安静有序、听从指挥、调动，保证安全。
舞台监管	负责各个篇章主题性节目上下场、候场调动
灯光、摄像角度	依据各环节需要，提前与灯光师、摄影师设计沟通，并现场监督
音乐及视频播放	主持人上下场、各节目之间音乐的衔接与切换，与背景做好配合
LED 背景图片	依据各篇章内容提前找好图片，制作好背景图片，并与负责音乐的老师协调播放时机
英语节课程录像照片	制作、存档
美篇制作	第二天完成
后期宣传推动	扩大宣传，面向校内教师、家长，通过多种渠道
总负责人点评（班子例）	及时发现优势和不足，在后序的工作中改进

详细的项目书、周到的安排、外语教师的通力合作，是确保主题英语节顺利举办的重要保障。老师的合作意识和合作能力也在活动中得到更好的体现，学生在与老师一道参与主题英语节的过程中，更好地感受到身边老师的示范引领，从而耳濡目染，模仿学习。

三、运用多维评价，彰显个性特长

课标中明确提出"优化评价方式，着重评价学生的综合语言运用能力"。在主题英语节活动中，我们实现评价者多元化，英语教师评价，学生同伴评价，年级聘请的优秀学生评委评价，跨年级学生评价，班主任老师参与评价，音乐老师参与评价；评价维度多元化，对语言内容的评价，对语言能力的评价，对自信度的评价，对着装及节目形式的评价，对节目创新能力的评价等；评价形式多元化，笔头测试评价，口头测试评价，提交成果评价，现场展示评价等。

我们还为主题英语节制作了数字美篇故事，展示教师和学生的精彩表现，并通过朋友圈、家长群转发。这也是一种评价，是一种更广阔范围的评价，是激励，是促进。

评价是为了促进，激励学生学习。适切的评价能够帮助学生建立和保持英语学习的兴趣和信心。同时教师也能够在评价中获取教学反馈信息，并对自己的教学进行反思和调整，从而促进教师专业水平的提高。评价还可以帮助家长了解孩子的英语学习状况，了解孩子在团体中的成长情况，及时调整自己的家庭教育观念和教育方式。

四、及时反思总结，明晰育人路径

一年一度的主题英语节，是孩子们期盼的节日，也是学生们放飞自我、展示自我的节日。在活动前，他们精心准备，从语言内容到语言能力，从运用能力到迁移能力，都在不断地提升；在英语节期间，一次次排练，一次次调整，都在无限地接近主题，展示能力；在舞台上，学生们用最好的状态、最美的语音语调、最美的服饰、最无间的合作，展示自己在各方面的成长。活动后，学生们发现同伴的长处，发现自己的弱点，找到今后努力的成长点。参加展示的同学说："从开始准备演讲到最后在现场展示，我自己的进步太大了，无论是语音语调，还是现场的表现力，都有一个飞跃。"有的学生说："这次的模拟演讲太棒了，可惜有很多内容我没听懂，今后我一定多听原版录音材料，多模仿，期待我也能有机会上场展示。"家长说："我一直觉得我家孩子英语学得不好，今天看到孩子在舞台上的情景剧展示，都不敢相信这还是我的孩子，今天回家一定好好表扬他，今后多鼓励他。"

每年度的主题英语节结束后，我们都会组织全体英语老师聚在一起，复盘活动的全过程，从宏观的内容、形式设计，到细节的处理各方面，提出还存在问题的地方、下届英语节可以改进的地方。老师们一致认为，经过一年一度的主题英语节历练，个人的专业水平和综合能力得到明显提升。具体表现如下：

1. 在借鉴他人的基础上，指导学生听说读写的能力提高了；

2. 独立组织开展一项竞赛活动的能力得到提升；

3. 与同伴互助、合作的能力得到提升；

4. 调动相关人力资源、协调完成任务的能力增强；

5. 教研组团队更加和谐、团结；

6. 自信心提高，自豪感增强。

全人教育培养的是具有整合思维的地球公民。我们有理由相信，在我们的"立德树人"的正确理念指引下，在优秀的教师团队孜孜不倦的教诲下，我们一定能够培养出学业优秀、人格健全、体格健康、创造卓越的全面发展的人才。

躬耕笃行　潜心育人

深耕细研

综合性评价对

中学生心理发展影响的研究

《教育部关于积极推进中小学评价与考试制度改革的通知》指出："现行中小学评价与考试制度与全面推进素质教育的要求还不相适应，突出反映在强调甄别与选拔功能，忽视改进与激励的功能；注重学习成绩，忽视学生全面发展和个体差异；关注结果而忽视过程，评价方法单一；尚未形成健全的教师、学校评价制度等。"《基础教育课程改革纲要》明确指出：开展评价研究改革，要建立促进学生全面发展的评价体系，评价不仅要关注学生学业成绩，而且要发现和发展学生多方面的潜能，了解学生发展中的需求，帮助学生认识自我、建立自信，发挥评价的教育功能，促进学生在原有水平上发展。由此，推动教育评价发展的必要性和重要性日益显现。在大连市开展综合素质评价的基础上，我校又结合本校实际进行了多方位、多角度的评价，期望通过过程性评价，促进学生的全面发展，发挥评价的改进与激励功能。几年来，我们具体从综合性评价对中学生心理发展的研究方面入手，初步形成了有利于学生心理发展的多样性、综合性评价方式。

一、问题的提出

传统的评价存在着严重的弊端——影响青少年的身心健康，阻碍青少年创造力的开发，造成青少年只会死啃书本知识，不会学以致用。评价制度的改革，对深化课程改革，促进学生全面和谐而有个性发展有着重要的理论意义与实践意义，势在必行，迫在眉睫。

第一，评价制度改革是教育发展的现实需要。过去对学生的评价内容过多

躬耕笃行　潜心育人

倚重学科知识、课本知识，而对学生的心理素质、实践能力、情感、态度、价值观的评价很少；评价标准过多强调一般和共性，忽略了个性发展和人文关怀；评价方法过分依赖纸笔考试与量化，对发展过程的特点、本质评价较少；评价主体上，学生往往处于消极的被评价地位，学生的自主性评价和家长、教师、学校管理者的多元、交互评价奇缺；评价的重心过度在意结果，学生的努力程度、进步情况被忽略了，评价促使发展的功能被极大地淡化了。当前，在新课改的推动下，一些中小学已开始对学生实施综合性评价的尝试，教育科研十分有必要为教育实践提供理论支持和科学解释。

第二，评价制度改革是新一轮课程改革的组成部分。学生发展评价是新一轮课程改革必然涉及的重要内容，新课改要求建立评价学生全面发展的指标体系，不仅关注学生的学业成绩，更要发现和发展学生多方面的潜能，对学生做综合性的全面评价。解决具有导向性作用的评价问题是实施新课改的关键性的理论和实践，将对新课改起到重要的支撑作用。

第三，评价制度改革是实现评价的核心功能的具体实践。诚然，评价具有甄别和选拔功能，但在义务教育阶段不应把这一功能极端化，评价根本意义应在于促进学生的发展，使学生在原有的基础上不断进步。综合性评价对促进学生发展具有突出的作用。研究与实践综合评价内容来自哪里、如何确定综合评价指标、评价主体如何评价、如何多元评价、定量评价与定性评价如何协调等，必将为新课改、学生发展、学校教育提供科学依据、操作支持和行为范例。

第四，评价制度改革促进心理学研究的进一步发展，是影响未成年人心理发展与人生成长的重要手段。评价是影响人心理发展的一个重要因素，尤其对中小学生来说，评价的导向作用更强大、更明显。探索评价体系的变化会对中小学生的心理带来什么影响、哪些影响、影响程度等均是对发展心理学的丰富和完善。

二、研究目的与内容

1.研究目的

（1）通过改革，建立内容多元、方式多样的评价体系，促进学生的发展，使学生在原有基础上不断发展，减轻学生过重的课业负担，让学生成为学习的主人。

（2）通过改革，建立一套促进全体学生心理健康发展的综合性评价体系，为学生的发展负责。

2. 研究内容

（1）把道德品质、公民素养、学习能力、交流与合作、运动与健康、审美与表现等反映学生综合素质的诸方面都纳入评价的范畴。

（2）在学科教学活动中开展评价，不仅要关注学生认知领域，更要关注学生非认知领域的评价。

（3）将学生在日常生活和各种活动中表现出来的心理品质、德育素质与综合实践能力等内容全面纳入评价之中。

（4）在评价过程中如何将诊断性评价、形成性评价和终结性评价有机结合，把评价活动贯穿于日常交往与教育教学活动的每一个环节，让学生在经常性的评价活动之中受到激励，得到发展。

（5）如何采用正确的评价手段激励学生，分层评价；如何将定量与定性评价相结合。

三、研究过程

整个研究过程分为三个阶段

第一阶段：研究起始阶段。

学校申报了省级课题，认识到综合性评价对中学生心理发展影响的重要性和迫切性，认真实践综合素质评价，并有效使用"初中生评价手册"，在实践的过程中认真记录评价对学生心理发展的影响。

第二阶段：研究深入阶段。

继续深入综合性评价课题研究，在开展综合素质评价实践的基础上，对学生进行档案袋评价，在评价过程中引导学生学会自我评价、自我矫正。

第三阶段：研究完善阶段。

认真总结有效的评价模式,并充分调查综合性评价对学生心理发展的影响。

躬耕笃行　潜心育人

四、研究结论

1.研究结果

（1）把道德品质、公民素养、学习能力、交流与合作、运动与健康、审美与表现等反映学生综合素质的诸方面都纳入评价的范畴。学校结合综合素质中的五个维度组织开展主题活动，例如，针对运动与健康，可以开展运动会、心理健康教育、健康生活习惯的主题活动，有计划、有目的地全面提高学生素质。综合测评涉及可量化与不可量化两部分，对于可量化的评价要素，我们需要实证材料作为原始依据，因此，学校组织开展这样的活动，不仅可以提升学生素质、丰富校园生活、营造校园文化，也可以积累大量实证材料，例如参与、获奖等情况的记录，使测评工作更真实、更方便。

（2）在学科教学活动中开展评价，不仅要关注学生认知领域的评价，更要关注学生非认知领域的评价。我们在实践的基础上，对学科的课堂教学中学生的学进行评价。我们设计了专门的评价表，不仅有学生自评、同学互评，还有教师评价，我们的评价表编制的特点就是针对不同的学科，结合学科的特点，编制不同的评价要点，而且学生可以根据自己的具体表现为自己进行赋分，评价表的评价要点相同，但不同的评价者会根据自己的观察和理解给出相应分数。待教师获得全部的评价结果后，可以有针对性地帮助需要帮助的学生，帮助他们认识到自己的哪些方面在老师和同学的眼里是还需要改变的。对于一个学科的学习，学生可以从不同的侧面了解情况，这样得到的信息更加客观，对学生更有说服力。在评价后的调查中，学生们认为这种评价对自身的影响很大。在自评环节，学生们对给出每个评价项目的自评得分都很慎重，而且，他们更加重视同学的互评和教师的评价。事实上，他们在自评的过程中，就已经开始进行自我矫正了，而且这种矫正是在自我反思的前提下进行的，效果更好。

针对学生的研究性学习，我们也设计了研究性学习评价表，同样包括学生自我评价、小组长评价、指导教师评价，内容包括课题选择的适切性、小组合作的意识、采取研究方法的合理性、研究结果的时效性等方面。通过每个学期一次的公正客观的评价，学生不仅能够了解自己的优点和缺点，更能够在以后的研究性学习实践中加强与人合作，发挥自己的特长，更快地提高自己的综合素质。

（3）将学生在日常生活和各种活动中表现出来的心理品质、德育素质与综合实践能力等内容全面纳入评价之中。中学生素质要用发展的眼光看待，从学生进校开始，为每一名学生建立学生档案，记录学生成长历程，特别是中学生素质评价要素的表现情况，并坚持学期、学年测评制度。建立"学生档案袋""道德银行储蓄存折""综合素质评价手册"，学生人手一册，里面设有学生每天、每周、每月、期中、期末和假期的成长记录，学生可以将各时期的重大业绩或问题记录其中。这些手册由本人和小组长按时记录，定期与家长和班主任见面，并由双方签署激励性的批语。这些材料的积累有助于各班对学生进行阶段性评价，以及每学期（年）进行终结性评价。

（4）针对在评价过程中如何将诊断性评价、形成性评价和终结性评价有机结合，把评价活动贯穿于日常交往与教育教学活动的每一个环节，让学生在经常性的评价活动之中受到激励、得到发展的问题，我们学校开展了"六中之星"评选活动。首先，为了调动所有学生的积极性，我们根据中学生的特点，设立了"勤奋之星"——为学习勤奋的学生设计；"文明之星"——为举止行为文明得体的学生设计；"劳动之星"——为热爱劳动的学生设计；"守纪之星"——为遵守纪律、自律性强的学生设计。不同的学校之星，每月评比一次，先在班级内评出班级的明星，再在年级内评出年级之星，最后推荐参加学校"六中之星"的评比。连续三个月被评为"六中之星"的同学将成为"金牌明星"；累计获得各种星级荣誉的同学将成为"综合明星"。对于"金牌明星"和"综合明星"，学校将给予隆重的表扬，并颁发有纪念意义的纪念品。

同时，每学年我们会利用开学典礼表彰那些在各项评比中表现突出的同学，对于优秀干部和三好学生的推选，也从历次的综合性评比结果中选拔优秀同学推荐。

（5）为了采用正确的评价手段激励学生，分层评价，定量与定性评价相结合，学校成立综合测评小组。只有保证了评价的公开、公正，评价结果才具说服力和权威性，也只有这样的评价才能引起学生的高度关注，对学生的发展

躬耕笃行　潜心育人

产生更大的推动力。因此，在测评工作中，我们成立了三级评价组织，即学生评价小组、班级评委会、校级评委会，小组成员由学校领导、科任教师、学生代表、家长代表组成，并赋予他们相应的职权、规定严格的操作程序，按照由低级到高级的评价方法，采取自评、互评、自荐、推荐等方式，对所有同学进行客观公正的评价。

2. 研究效果

经过三年多的综合性评价实践研究，孩子的学习态度和精神面貌有了极大的改变，能够有意识地转变自己的行为，在评价后能够主动思考，反思自己的行为，并及时矫正自己的不规范行为。同时，孩子的学习成绩无形中有了很大的提高，这也是我们预期的。由此可以看出，综合性评价在教育教学中得到了很好的实践，真正发挥了它的教育功能。

通过采访与调查，我们发现：学习成绩优异并一直很自豪的孩子，现在懂得向别人学习，认识到只有多方面发展，才能获得别人真诚的赞赏；曾经因为未明确学习目标，不懂得学习方法导致学习成绩不稳定的孩子，现在成绩也有了很大的进步；因学习成绩差而放弃学习的孩子，现在转变了自己的学习态度，有了自己奋斗的目标。

我们也发现学生改变了以往的"我行我素"、不考虑别人的观点和感受的以自我为中心的思想，重视同学和老师以及家长的意见和建议，并能在日常学习活动中考虑别人的感受，互相交流，并采纳别人的意见。

更加令我们欣喜的是家长们也开始关注孩子的身心发展，认识到全面地关注自己的孩子，给他们一个快乐童年、健康向上的发展的重要性。

五、主要问题及思考

1. 教育教学最需要的是家长的理解与配合，这样才能形成有效的教育合力。在倡导综合性评价的现代教育理念的指引下，教师应当主动携手家长共同走进孩子的心灵，关注孩子的成长。在近三年的实践与思考中，尽管我们的教育教学评价得到了部分家长的支持和理解甚至是参与，但是还有许多家长不能够做到与学校评价一致，因而造成孩子在学校表现一个样子，在家表现又是另一个样子，而且我们的家长还帮助孩子隐瞒缺点。这一切都为综合性评价对学生心理健康发展带来负面影响。

2. 在学校里，不同的教师，尤其是班主任教师和科任教师对综合性评价的重视程度不一样。因此在评价过程中对学生的引导和指导也会有差别，甚至出现有的教师给全班大多数学生同一个分数的现象，这种评价首先影响了评价的公正性，同时又对学生的心理产生了负面的影响，没有很好地发挥评价的教育功能。

因而，在今后的教育教学评价的事实和研究过程中，首先教师要充分认识到评价对学生的教育功能，充分发挥评价的教育和激励作用。我们还应该家校携手，共同对学生进行及时而有效的评价，充分实现评价主体的多元化，促进评价的公平和公正。

躬耕笃行　潜心育人

中学英语课堂教学中
学生自我评价与自我修正能力的培养

【摘　要】培养自我评价与自我修正能力是教会学生学习的重要方面。在英语课堂教学中学生能够学会自我评价与自我修正，可以提高学生的自主学习能力；可以让学生在学习过程中体验成功的快乐，树立自信心，为终身学习打下基础。依据课标的要求和学生自身的特点，编制学生自我评价量表，帮助学生自我反思，自我修正，为终身学习打下基础。

【关键词】中学英语　课堂教学　自我评价　自我修正

在课堂教学中教会学生进行自我评价与自我修正是"教会学生学习"的重要方面，它为学生树立正确的学习态度和掌握学习方法等提供了发展提高的机会，学生在学习过程中表现出的学习态度和学习方法等，会在自我反馈、自我评价、自我修正中逐步强化。教育家冷冉先生做了一个生动的比喻，他说："说学习的自我评价问题，这也是'教会学习'的一个重要内容。初学打篮球的人，投球以后，如果偏离了篮筐，则往往从身体的姿态上做出某种矫正动作。看来球已离手，这种矫正是毫无意义的。可是从投球不准到屡屡命中，实际上就是靠这些表面上毫无意义的矫正动作学会的。这就是学习的反馈作用。"[1]冷冉先生认为反馈能使学生从自己的学习态度和学习方法中找出成功与失败的原因（这就是自我评价），从而做到及时地长善救失（这就是自我修正）。我们国家 2000 年开始的新课改，其核心问题也是要解决教与学方式的改变，强化学生自主学习能力的培养，其中学生学会自我评价与自我修正也就成为学生自主学习能力的重要组成部分。但是，现有的课堂教学实践中教师对这个问题无论在认识还是行为方面都没有引起足够的重视，影响着学生自主学习的效益，影响着学生高水平自主学习能力的形成，影响着"情·知教学"所倡导的学生学习的认知过程与情感过程真正和谐统一。

在英语课堂教学中，教师教会学生学会自我评价与自我修正，首先要帮助学生明确自我评价与自我修正的原则，再确定自我评价与自我修正的内容，最后帮助学生形成自我评价与自我修正的习惯，让学生在学习过程中体验成功的快乐，树立自信心；教师以积极热情的态度，以鼓励表扬为主的方式帮助学生自我评价与自我修正，让学生以积极的态度对自己的课堂学习及时进行自我评价，并不断调整自己的学习态度、方法及习惯，学会分析自己的进步与不足，不断进行调整，明确今后的努力方向，为学生的终身学习打下基础。

一、中学英语课堂学习中学生自我评价与自我修正内容体系的构建

《英语课程标准》指出：评价是英语课程的重要组成部分。科学的评价体系是实现课程目标的重要保障。英语课程的评价应根据课程标准的目标和要求，实施对教学全过程和结果的有效监控。通过评价，学生在英语课程的学习过程中不断体验进步与成功，认识自我，建立自信，促进学生综合语言运用能力的全面发展；使教师获取英语教学的反馈信息，对自己的教学行为进行反思和适当的调整，促进教师不断提高教育教学水平；使学校及时了解课程标准的执行情况，改进教学管理方式，促进英语课程的不断发展和完善。

英语课程的评价体系要体现评价主体的多元化和评价形式的多样化。评价应关注学生综合语言运用能力的发展过程以及学习的效果，采用形成性评价与终结性评价相结合的方式，既关注结果，又关注过程，使对学习过程和对学习结果的评价达到和谐统一。[2]

1. 确定中学英语课堂学习中学生自我评价与自我修正的原则

（1）科学性原则

初中英语课堂学习中自我评价与自我修正不仅包括语言知识、语言技能，还包括学生在学习过程中所表现出来的情感态度、学习策略、文化意识以及发

躬耕笃行　潜心育人

展潜能等。因此，评价内容的设计应该科学、完整，能够促进学生全面的综合能力的发展。

（2）导向性原则

自我评价与自我修正的最终目的是有利于促进英语学习目标的实现。因此，在充分重视学生的语言知识和语言技能的自我评价和自我修正的前提下，还要强调评价学生的学习态度、学习策略及资源策略。学生的自我评价与自我修正既要注重学习结果，又要注重学习过程。

（3）主体性原则

学生是学习的主体，学生自我评价与自我修正应以学生的综合语言运用能力发展为出发点。评价应有益于学生认识自我、树立自信。学生是自我评价与自我修正的主体，学生本人对自己的学习兴趣、学习态度、学习策略、学习结果的自我评价与自我修正，有助于学生反思和调控自己的学习过程，从而促进语言能力的不断发展。

（4）多元性原则

虽然自我评价与自我修正强调学生作为个体的自我反思和自我修正，但来自老师、同学的评价能够使被评价者获得更全面、更客观的评价，增强自我修正的动机。同时，同学间互相评价他人的过程就是修正自己的过程。

2. 构建中学英语课堂学习中学生自我评价与自我修正的内容

《英语课程标准——课程目标》对五级目标是这样描述的："有较明确的英语学习动机和积极主动的学习态度。能听懂教师有关熟悉话题的陈述并参与讨论。能就日常生活的各种话题与他人交换信息并陈述自己的意见。能读懂供7~9年级学习阅读的简单读物和报纸、杂志，克服生词障碍，理解大意。能根据阅读目的运用适当的阅读策略。能根据提示起草和修改小作文。能与他人合作，解决问题并报告结果，共同完成学习任务。能对自己的学习进行评价，总结学习方法。能利用多种教育资源进行学习。进一步增强对文化差异的理解与认识。"[3]因此，我们设计的"中学英语课堂学习中学生自我评价与自我修正表"中主要涵盖了学习兴趣、学习态度、学习习惯、学习方法、学习效果等五个维度的内容。

下面呈现的是"中学英语课堂学习中学生自我评价与自我修正表"中的学生自我评价表。我还设计了学生相互评价表、教师评价学生表，所有评价表中的评价维度、评价标准及评价等级都是相同的，方便在评价过程中从不同的视角进行全方位的评价。

中学英语课堂学习中学生自我评价与自我修正表
（学生自我评价表）

使用说明

此表用于学生对自身的英语课堂学习状况进行评价，其目的是促进学生反思自己在课堂学习中取得的成绩与存在的不足，进行及时而有效的改进，从而提高英语学习的能力与效果。

下面列出高效课堂学习应当具有的重要特征，请你务必认真阅读和理解各项特征指标，并按照每一条指标对自己的学习行为及学习结果进行检查，在最贴切的选项上画"√"。每一项指标都有五个评价等级，分别是：完全不符合（0分）、有一点符合（40分）、有一些符合（60分）、基本符合（80分）、完全符合（100分）。在对全部项目评价之后，你需要将所有项目的得分加起来，再除以项目数，便可以得到课堂学习评价的综合结果。希望此评价能够帮助你在英语学习上取得更大的进步！

学生姓名：　　　　　　性别：　　　　　　所在班级：

维 度	评 价 标 准	等 级				
		完全不符合(0分)	有一点符合(40分)	有一些符合(60分)	基本符合(80分)	完全符合(100分)
学习兴趣	1. 对英语课一直很感兴趣。					
	2. 相信自己能学好英语。					
	3. 在英语课堂学习中觉得愉快。					
学习态度	4. 在课堂上能够做到注意力集中并认真思考。					
	5. 在课堂上能够主动向老师和同学提出质疑。					
	6. 在课堂上能够积极参加课堂活动和小组合作。					

躬耕笃行　潜心育人

维 度	评 价 标 准	等 级				
		完全 不符合 (0分)	有一点 符合 (40分)	有一些 符合 (60分)	基本 符合 (80分)	完全 符合 (100分)
学习 习惯	7. 能够主动、有条理地记笔记。					
	8. 对老师提出的问题能够深入思考并有自己独到见解。					
	9. 在小组合作中乐于发表自己的见解，帮助他人，取长补短。					
	10. 完成课堂练习过程中，及时发现问题，及时请教。					
学习 方法	11. 会运用不同的方法进行记忆。					
	12. 能在小组合作中学习他人的有效方法。					
	13. 能够运用所学语言进行交际练习。					
	14. 能够充分利用课堂上的一切资源进行学习。					
学习 效果	15. 英语听和说的能力有了改善。					
	16. 英语读和写的能力得到了提高。					
	17. 对中外文化差异有了新的理解。					
	18. 学会了新的学习方法。					
	19. 比以前更喜欢学习英语。					

二、中学英语课堂学习中学生自我评价与自我修正操作的策略

1. 学生明确自我评价与自我修正的重要性

通过不同的形式让学生接受、认同自我评价与自我修正在自身发展过程中的重要作用，同时让学生明确进行自我评价与自我修正的目标、内容及采取的方式。同时在编制学生自我评价与自我修正量表的过程中，征求学生的意见和

建议，让学生从编制评价量表开始，就参与到活动过程中，认识到学生作为主人的重要性，充分认识到自我评价与自我修正在学生英语学习中发挥的重要作用。

2. 教师指导学生运用量表进行自我评价与自我修正

教师带领学生运用自我评价与自我修正表进行打分、评价、总结、修正。教师与学生一道用自我评价与自我修正表进行打分——学生为本人打分，教师为每个学生打分，学生为小组内每个成员打分。每个学生拿到自我评价表、学生相互评价表、教师评价表后，对得分情况进行汇总和分析，明确自己在哪个维度上做得好，在哪个维度上还有差距；同时明确自我评价、学生相互评价及教师评价在哪些维度上有差别，并分析原因。学生个人在明确自己的优势与不足后，深刻反思，并针对下一阶段的课堂学习进行自我要求，明确改进措施。教师可以针对学生的状况提出必要的、切合实际的意见与建议，并在课堂教学中帮助学生改善和提高。

3. 学生依据自我评价和自我修正表进行自主评价与修正

学生人手一份评价表，自己可以每节课进行评价和修正，也可以针对一个阶段进行评价和修正。同时，学生也可用手中的表格随时征求老师和同学的评价及建议，以便于及时了解自己，及时修正，逐步使自我评价与自我修正做到常态化、自觉化，更好地促进学生学会学习。

自我评价与自我修正是英语学习评价中最重要的评价活动，学生通过对自己的学习情况做自我评价与自我修正，提高学习兴趣，改善学习态度，养成良好的学习习惯，学会合适的学习方法，达到良好的学习效果；只要教师坚持正确指导学生，让学生有目的、有方法地进行学习，学生的自我评价与自我修正能力就会越来越高，学习效果也越来越好。[4]实践证明，学生们喜欢这种学习方式。虽然有时候有些学生的考试成绩并不太理想，但是他们却感受到老师及同学们的关心、帮助和尊重，他们喜欢班上和谐、友好、平等、富有活力的英语学习气氛。在这种氛围里，他们的内心感到无比充实，因为他们有很多机会展现自己的能力和所学到的知识，并感到自己在不断进步。他们享受英语学习过程的快乐，改善了学习方法和学习习惯，提高了学习能力与学习效果，并在

躬耕笃行　潜心育人

活动思考中树立了自信心，表达能力与胆量得到进一步提升，享受到了成功的喜悦，开拓了创新思维，同时也增强了团队协作的意识，发展了个性，培养健全了人格，从而为自我发展、可持续发展和终身学习打下良好的基础。当然，我认为：指导初中生对英语课堂学习进行自我评价与自我修正的研究还只是指导学生进行自我评价与自我修正的一个方面，对于课前预习和课后复习及课外活动的自我评价与自我修正还有待于进一步研究。且本研究如能够与课堂教学模式相匹配，效果会更加理想。因此，初中英语课堂教学模式也是我进一步研究的内容。

参考文献

[1] 冷冉 . 冷冉教育文集 [M]. 大连：大连出版社，1998：125.

[2] 中华人民共和国教育部 . 英语课程标准：实验稿 [M]. 北京：北京师范大学出版社，2003：37.

[3] 中华人民共和国教育部 . 英语课程标准：实验稿 [M]. 北京：北京师范大学出版社，2003：7.

[4] 刘本固 . 教育评价的理论与实践 [M]. 杭州：浙江教育出版社，2000：13.

（本文发表于《大连教育学院学报》，略有改动）

初中小班化环境下英语词汇教学研究

一、研究的背景及意义

目前，词汇教学已经得到很高的重视，但学生仍然觉得词汇的学习是难点，是英语学习的"拦路虎"。通过本课题的研究，能够探索出英语词汇教学的方法、学生英语词汇学习的方法，使学生能够准确运用所学词汇，并且在自主学习过程中充分发挥个人潜能，在合作学习中体验同伴互助的快乐，在探究性学习中体验创新的快乐，从而提高学习英语的兴趣，提高学习效率，并为今后的终身学习打下良好基础。同时，教师自身在研究中提炼，总结，反思，提高，逐步成为学者型教师。

作为研究者的教师希望通过本课题研究不仅能丰富词汇教学的理论，探索出词汇教学的规律，明确影响词汇教学的因素，并且能探索出对初中生词汇学习有针对性的策略，为校内其他教师提供借鉴，同时能为同类学校的小班化环境下英语课堂词汇教学提供参照和借鉴。

二、研究的目的

通过本课题的研究，使学生能够提高学习英语词汇的兴趣，掌握英语词汇学习符合规律的方法，提高英语学习中运用所学词汇的准确率。

通过本课题的研究，实践并总结出初中小班化环境下词汇教学的策略及具体的操作方法，并探索出英语词汇教学高效益的教学模式。

三、研究过程

1.准备阶段
确定研究内容，并完成立项书，开题和课题论证。

躬耕笃行　潜心育人

2. 实施阶段

A. 通过理论研究和实践，总结出英语词汇教和学的原则。

B. 在课堂教学中进行试验，在试验的基础上初步归纳出小班化环境下词汇教学的形式及操作方法。

C. 总结成功的词汇教学设计、教学案例。

D. 结合我校课堂教学评价量表，归结出小班化环境下词汇教学的评价要点。

E. 进行不同形式的小班化环境下词汇教学的效果分析。

F. 小班化环境下词汇教学不同形式及操作方法的进一步实践和完善。

3. 总结阶段

全面总结英语词汇教学的原则；明确英语词汇教学的主要形式及操作方法；编制出小班化环境下词汇课堂教学的评价要点；整理出小班化环境下词汇课堂教学案例；课题结题。

4. 研究成果的形式

序号	阶 段 成 果 名 称	成果形式
1	英语词汇教和学的原则	文本
2	小班化环境下词汇教学形式及操作方法	文本
3	小班化环境下词汇教学评价要点	文本
4	小班化环境下词汇教学的成功教学案例	文本及光盘
5	小班化环境下词汇教学的形式及操作方法汇总	文本及光盘
序号	最 终 成 果 名 称	成果形式
1	初中小班化环境下英语词汇教学形式及操作方法	光盘

四、研究成果

在查阅相关资料，借鉴国内外先进词汇教学经验的基础上，结合小班化课堂教学的特点，总结出小班化环境下英语词汇教学的原则。

（一）初中英语词汇教学原则

1. 音、形、义相结合原则

"音、形、义是构成一个单词的三个要素。音——读音，是词的语音形式；形——拼写，是词的书写形式；义——词汇意义和语法意义，指词的含义。音、形、义三者合一是词汇教学中不可缺乏的内容。"（杭宝桐，1993）英语词汇教学，首先要抓好音、形、义三方面结合教学。

2. 活用资源原则

英语词汇无处不在，因此，词汇的学习也是随时进行的，学习者应该灵活利用资源进行学习。可利用的资源很多，如英语词典、电子词典、网络、教师、伙伴等。

3. 在语境中学习词汇原则

学习词汇的目的不光是知道它们的读音、拼写、基本词义就可以了，更重要的是能在句子、段落或文章中，正确理解词义及用法，并能够正确运用所学词汇，组成句子，表情达意，进行交际。

4. 构建词汇网的原则

学生在掌握了一定量词汇的基础上，就可以根据不同的目的构建自己的词汇网，如某一类词汇的词汇网、某一话题词汇的词汇网等。

在明确了词汇教学原则的基础上，结合自己的小班化环境下课堂教学的特点，实践并总结出具有小班化教学特点的英语词汇教学的操作方法。

（二）小班化环境下英语词汇教学的操作方法

1. 直观教学法

（1）运用肢体语言进行词汇教学

这种方法简单易行，形象直观，而且经济有效。如，在学习 dance 时，教师在讲台上做一个跳舞的姿势，学生马上心领神会；而在教学 cry 时，教师做出擦眼伤心状，学生不但理解了词义，而且还可以模仿教师用动作去帮助记忆单词，所以只要能用动作去表达的词汇都可以采用这种方法。同时，这种方法还可以培养学生的猜词能力。

（2）运用实物进行教学

这种方法可以帮助学生在头脑中建立实物与词汇的一种联系，使他们直

躬耕笃行　潜心育人

接理解所学单词的词义，非常直观。运用实物进行词汇教学时，教师可以使用一点点小技巧，如把所需物品放在袋子里面，这样既可以避免分散学生注意力，又增加神秘感，学生急于想知道老师还会变出什么，学习的欲望被激发了出来。

（3）运用简笔画进行教学

简笔画在教学中不但充满趣味性，而且教师画的过程就是调动学生思维的过程。

（4）运用图片进行教学

在教学过程中我们通常使用两种形式的图片，一种是多媒体上提供的图片，它具有容量大、内容新颖的特点。如，在教学与 football 有关词汇时，我们可以提供许多相关图片：football match、football team、coach 等，给学生提供视觉信息，也易于帮助他们在图—词之间建立一种联系。另外一种图片就是学生自制图片，学生会更青睐这种 DIY 的东西，在巩固单词时使用，用于学生之间的互动，效果会更好。

2. 活用资源教学法

（1）运用工具书教授词汇

先教会学生查英语词典的方法，教会学生快速地根据字母表的顺序找到要查找的词汇；使学生能够快速地根据音标读准单词，如果需要，能够准确地将音标抄写下来；能够根据单词所在的语境查找准确的词义。

（2）运用网络教授词汇

如果学生的手头有计算机、手机等，可以直接在网络上学习词汇。教会学生在百度上查找词汇的方法，并且让学生明确网络上学习的词汇空间更大，可参照的内容更多，扩展无限的词汇学习空间。

3. 自主学习词汇教学法

（1）个人自主学习词汇

教师教会学生查词典的方法、运用网络学习词汇的方法，培养学生自主学习词汇的能力。对于大多数表示事物名称的词汇、基本动作的词汇、常见的形容事物的词汇等，学生不仅要学会词汇的发音，会拼写单词，而且要能够在语境中准确判断词义。教师对个别学习有困难的同学提供帮助和指导。

（2）小组合作学习词汇

在个人学习词汇的基础上，进行小组合作。首先小组成员间互相交流检查彼此对所学单词的读音是否准确，再核对词义的取舍是否合适，还可以通过彼此提问的方式了解单词的拼写是否准确。对于学生间有疑问、小组内解决不了的问题，教师提供帮助和指导。

4. 构建词汇网教学法

在学生结束了一个阶段的词汇学习之后，要帮助学生构建词汇网，有效地帮助学生进行词汇的复习、归类和准确运用。构建词汇网可以是一类词汇的网络，如 food、sports、computer 等；也可以以话题为中心构建词汇网，如 healthy、holidays、environment 等。构建词汇网的方法可以先让学生单独准备，小组内交流和补充，全班再交流和汇总。当然，随着学生词汇量的增加，词汇网也将得到扩展。

在总结出不同形式的词汇教学的操作方式的基础上，作为研究者，认真研究课程标准中对于初中学生词汇学习的目标描述，对学生学习策略的目标描述；认真研究小班化课堂教学的评价标准，编制出小班化环境下英语词汇教学的评价要点，试图从教师教的行为、学生学的行为、课堂教学氛围等三个维度进行评价，用以指导自己在初中小班化环境下的英语词汇教学。

（三）小班化环境下词汇教学评价要点

初中小班化环境下英语词汇教学的评价要点

使用说明

此表用于对初中小班化环境下的英语词汇教学状况进行评价，其目的是帮助老师发现自己或同伴在教学方面的成绩与存在的不足，进而进行及时而有效的改进，从而提高英语词汇教学效果。

下面列出小班化环境下英语词汇教学应当具有的重要特征，请你认真阅读和理解各项标准，并按照每一条标准对自己或同伴进行检查，在最贴切的选项上画"√"。每一条标准都有五个评价等级，分别是：完全不符合（0分）、有一点符合（40分）、有一些符合（60分）、基本符合（80分）、完全符合（100分）。在对全部项目评价之后，你需要将所有项目的得分加起来，再除以项目数，便可以得到个人或同伴的英语词汇教学效果的综合结果。希望此评价能够帮助你或你的同伴在英语词汇教学上取得更大的进步，同时也能为你的教学改革提供有价值的参考。

躬耕笃行 潜心育人

维度	评 价 标 准	等 级				
		完全 不符合 (0分)	有一点 符合 (40分)	有一些 符合 (60分)	基本 符合 (80分)	完全 符合 (100分)
教师的教	1. 充分运用教材情境或创设合适的情境进行词汇教学。					
	2. 在教词汇的过程中帮助学生理解与词汇相关的短语、习惯用语和固定搭配。					
	3. 帮助学生理解词汇的基本含义和在特定语境中的意义。					
	4. 为学生创设合适的情境，使其运用所学词汇对事物进行描述或说明。					
	5. 帮助学生形成适合自己的记忆、理解和运用词汇的策略。					
	6. 为学生创造合作学习的机会，促进同学间互助。					
	7. 有针对个别学生的指导，关注每一个学生的学习。					
	8. 对每个学生的学习有针对性的反馈和评价。					
学生的学	1. 能够准确地读词汇。					
	2. 能够根据拼读规则拼写词汇。					
	3. 能够理解词汇的基本含义及在特殊语境中的含义。					
	4. 能够运用所学词汇描述或说明自己熟悉的事或物。					
	5. 在老师和同学的帮助下，掌握适合自己的记忆、理解和运用词汇的方法。					
课堂氛围	1. 师生的情绪饱满，愉悦。					
	2. 教师关注每一个学生；学生间互相帮助、互相学习。					

（四）小班化环境下词汇教学的形式及操作方法在实践中的应用与检验

在明确了初中英语词汇教学的原则、初中小班化环境下词汇教学操作方法及初中小班化环境下词汇教学评价要点的基础上，作为研究者的教师，开始在自己的课堂教学中，实践、修正词汇教学的操作方法。

首先，依据具体的话题下的词汇，依据学生的学习状态，采取合适的操作方法。初中阶段教材中涉及 24 个话题，每个话题涉及的词汇是不一样的，因而要求采取的词汇教学方式也不一样，有的可以采用以教师呈现为主的词汇教学方式；有的可以采用教师指导学生自主学习的词汇教学方式；有的可以采用教师指导学生运用资源进行有效学习的教学方式。同时学生的年龄特点和学习习惯也影响词汇教学方式的选用，如初一的学生，教师呈现词汇的教学方式多些；初二的学生在教师指导下的合作学习和运用资源的教学方式多一些；而初三的同学已经具备了很强的自主学习能力，而且已经完成了多数话题的学习，因而更适合采取构建词汇网教学的方式。

其次，在实践各种不同的词汇教学方式的过程中，不断完善词汇教学的方法，形成包括教学内容、教师行为、学生行为，及设计目的的具体的词汇教学方案。在实践过程中，研究者本人发现依据具体的词汇内容进行具体的教学方案的设计，对英语词汇教学的作用更大。因而，教师应在教学过程中边实践，边总结，慢慢总结出具有代表性的易于操作的词汇教学的教学设计。

再次，抓住机会，展示自己的词汇教学方式，争取与同伴交流的机会，争取专家的指导和点拨。在学校的集体备课过程中，研究者本人总是乐于将自己的词汇教学方式或思路说出来与组内教师交流，听取同伴的意见，也乐于在组内上关于词汇教学的探讨课，请大家观课、评课，并提出宝贵意见。在研究者本人向全市开放的研究课上，将词汇教学作为核心内容进行展示，听取大家的意见和建议。在研究者本人有机会在全国骨干教师汇报课上进行展示时，又把词汇教学作为重要部分进行展示，得到了与会同行及专家的肯定。

五、成效分析

作为研究者，本人在一年半的研究中，有机会上了初一、初二、初三三个

躬耕笃行　潜心育人

年级的英语课。在初一年级的英语课堂教学中，研究者本人更多地采用教师呈现为主的词汇教学模式，在教学过程中，采用直观教学法更多一些，同时注意培养学生的小组合作意识、自主学习意识，为以后的学习打下良好的基础。在初一的一年教学中，学生的词汇学习策略和学习效果都明显优于其他班级，英语学习的兴趣及学习效果都处于年级领先地位。在初三下学期，研究者本人接手了一个成绩处于年级最后的班级的英语教学，在两个月的英语教学中，研究者大胆使用了构建词汇网进行英语词汇教学的模式，快速增加了学生的英语词汇量，同时提高了学生的英语学习成绩，也大大提高了学生的英语学习的兴趣。在升学考试中，本班的英语成绩有了大幅度提高，平均分提高了 20 分。有的学生在拿到成绩单时，激动地说："英语从来没考过这么好的成绩，老师再早教我们一段时间，我会学得更好。"现在，研究者本人又调到另一所中学任教，接手初二一个班级的英语教学。在近半年的课堂教学中，研究者本人采取的是小组合作的方式，充分运用资源进行英语词汇教学。教会学生充分运用字典、网络进行词汇学习。培养学生的学习兴趣，调动学生学习的积极性，从一点一滴做起，关注学生英语词汇学习的音、义、形。半年来，学生的学习兴趣大大提高，学习成绩从位于全年级的第六名，跃居到全年级的第二名，优秀学生的英语学习能力得到大幅度的提高；学困生的学习兴趣和学习能力都有大幅度的提高，全班学生已经把英语学习作为最有兴趣的事来做。甚至下课铃响了，他们还央求老师再讲一会儿吧；中午等待老师帮助检查准确朗读和背诵时，出现排队轮不到的现象。

我本人也愿意将自己的研究和实践经验与组内、校内教师交流，开放自己的课堂，贡献自己的想法。我的《初中英语词汇教学》的经验文章发表在大连教师网《名师资源》栏目中，作为经验向全市推广。我也为全市英语教师展示了一节以词汇教学为主的英语课堂教学，受到观课教师及教研员的好评。我的以词汇为主的课堂教学设计获得大连市骨干教师说课大赛一等奖。我还在全国中学骨干教师培训班上展示了一节以词汇复习为主的英语课堂教学，受到了来自全国的教师同行及观课专家的高度评价。

六、问题与思考

在一年半的研究中，我本人在词汇的理论方面有了提高，词汇教学的理念发生了很大的变化，学生的学习成绩也有大幅度的提高。但是因为研究时间的限制，研究者本人的水平及精力的投入有限，本研究还有不完善之处。如：研究者本人还没有有影响力的关于词汇教学的论文在重要英语杂志上发表；关于词汇教学的形式及操作方法还可以进一步完善；词汇教学的经典课例还可以再完善。本研究还可以推广成本教研组的研究、本区域的研究，以期理论上更加完善，操作形式上更加详细、更加具体，对小班化环境下的英语词汇教学更具有指导意义。

参考文献

[1] 中华人民共和国教育部. 英语课程标准：实验稿 [S]，2001.

[2] 黄宏才. 小班化教育研究 [D]. 武汉：华中师范大学，2006.

[3] 吕素文. 浅谈小班化教学的优势与实施 [J]. 新课程，2009（3）.

[4] 沈卫红. 小班化教学及其对英语教学的影响 [D]. 上海：上海师范大学，2008.

[5] 彭建琼. 英语词汇教学策略 [J]. 成都大学学报，2007（8）.

[6] 李岩. 初中英语词汇教学策略与学习策略 [D]. 长春：东北师范大学，2005.

[7] 刘治. 英语小班化教学实践与管理策略 [D]. 苏州：苏州大学，2008.

[8] 汪加华. 浅谈初中英语词汇教学的技巧 [Z]. 国培专家讲座材料，2010.

提高初中学生英语
书面表达能力的策略

一、提出问题

提高学生书面表达的能力是基于我校学生的实际确立的研究课题。在各年级的阶段测试中，我校学生的英语书面表达能力相较于其他题目得分不高，教师感觉在日常教学中对书面表达的指导不能做到得心应手，尤其不明确各年级各阶段如何指导。

英语书面表达在英语测试中所占分值比例较高，书面表达得分直接影响学生的试卷总分。书面表达能力是英语综合运用能力的体现，不是短时间就能训练的能力，需要从初一年级开始就有计划地培养。

目前，针对初中生书面表达能力培养方式的论文基本没有。大连教育学院出版了《初中英语书面表达》汇编，里面提供了各年级不同话题的学生例文，同时增加了教师点评。有中考高分作文，附加名师点评，相当于为大家提供了写作的范例，让学生有机会仿写。但是如何从基础入手，一步步提高学生的写作水平，目前还没有人进行深入研究。

英语教师针对学生的书面表达能力没有现成的经验可以借鉴，如何依据课标，针对不同年级的学生确定不同的写作指导，是我们需要研究的课题。

二、研究设计

1. 概念界定

书面表达是运用所学的英语语言基础知识和所掌握的技能、技巧进行思想交流、传递信息的重要形式之一。

策略在本课题研究中指的是为了实现让每个学生都能够运用所学英语基础知识、运用合适技巧进行思想交流或信息传达，根据可能出现的问题制定若干应对的方案，并且在实现目标的过程中，根据形势的发展和变化来制定出新的方案，或者根据形势的发展和变化来选择相应的方案，最终实现目标，即每个学生都能够不断克服学习障碍，循序渐进提高书面表达能力。

2. 研究目标

本研究的有效开展能够提高学生的书面表达能力，进而提高学生学习英语的兴趣，提高教师团队协作能力，提高学校英语教学水平。

3. 研究内容

（1）明确问题。教师结合学生历次测试书面表达成绩以及书面表达题目的得分和其他题目的得分情况并进行对比，分年级列出学生在写作方面存在的问题。经过对多次期中测试和期末测试进行对比，我们发现学生在书面表达中存在的主要问题是在进行书面表达时，常常显得无所适从，不知如何构思、如何下笔，写出的句子要么词不达意，要么不合句法、语法。

（2）学习课标。认真学习课标，了解课标中针对不同年级对写作的要求。

（3）提出策略。在认真梳理学生存在的问题、认真学习课标的基础上，针对三个年级学生的学习特点和心理品质，我们提出解决提高学生书面表达能力的策略——针对学生存在的实际问题，不同的年级确定出不同的指导侧重点，初一年级规范书写，准确写句子；初二年级学会搭建文章框架，明确逻辑关系；初三年级明确主题，真实表达。

（4）教学实践。明确问题，提出策略构想之后，我们在日常教学中有侧重地实践。

初一年级：课堂上教师规范书写；学生利用课余时间练习，开展年级书写大赛，推进学生规范书写，同时关注准确度。具体做法如下：

从初一年级开始，我们英语教师坚持在四线格中规范书写。教师给学生树立好榜样，学生模仿教师书写，逐步养成良好的书写习惯，力争做到书写工整、清晰。同时鼓励学生利用业余时间进行书写练习，以年级为单位开展英语书写大赛，推选出优秀的书写样本进行展示，为全体同学提供模仿的范例；接下来

躬耕笃行　潜心育人

抽签进行比赛，展示书写团队成绩而非个人成绩，逐步提高全体学生的书写水平；最后由任课教师针对书写差的学生进行个别指导，一对一督促改正，最终实现全员书写过关。在写作过程中，内容从规范写字母开始，逐步过渡到写单词、写句子、写短文等，除了强调写得工整、规范，还要强调写得准确。

初二年级：在阅读课教学中，注重文章结构的分析，在框架结构的基础上，进行课文复述，提高文章的整体感知能力。

在学生能够做到规范、准确书写的基础上，进入初二年级后，教师在阅读课教学中着重强调文章结构分析，让学生明确：写要在合理的框架下进行。首先引导学生对文章结构进行梳理，明确作者要表达的观点通过哪些环节完成，哪个部分是侧重点，以及作者如何通过结构的详和略的安排来表达主题；同时思考作者在内容的选择方面有何特点，语言的运用有哪些可以借鉴的地方。了解了文章的结构之后，帮助学生进行最简单的课文复述，这时强调的是能够准确按照文章的框架进行复述，帮助学生整体感知。教师梳理课文框架时采用多种形式呈现，帮助不同思维方式的孩子都能够感知和理解。在充分理解之后，初二下学期时，每学到一篇新的文章，教师让学生先进行文章结构梳理，小组合作、交流、表达自己的理解，最后形成整体的理解，帮助学生独立完成框架的搭建，为以后的表达做好充分的准备。年级适时开展不同形式的阅读大赛，主要训练学生对文章主题、逻辑关系的把握，在这样的主题牵动下，明确文章结构的搭建和作用。

初三年级：注重学生的真实表达，帮助学生感悟生活，表达真情实感，并且在书面表达中力求主题明确。

在学生能够做到规范、准确书写，合理搭建框架的基础上，初三年级主要培养学生如何根据书面表达的要求，合理确定主题、合理进行篇章布局、语言的斟酌等方面的能力。首先教会学生如何审题，确定表达的主题，根据具体的要求，搭建文章框架。专门设计审题专题课，实践、研究、完善。然后我们借鉴新东方托福和雅思写作培训中美化语言的做法，帮助学生写出漂亮的句子，给文章增色。但是经过一段时间的实践之后，我们发现学生更注重语言的优美，淡化了主题的深化，削弱了真实情感的表达。另外，2015 年中考中书面表达

深耕细研

特别强调读者意识和真情实感的表达。于是，我们果断调整策略，帮助学生发现身边生活中值得写的人和事，并练习表达，在表达过程中强调主题明确，内容选择合理，篇章结构清晰，逻辑合理，表达准确。我们在初三三年级开展专题写作训练课，从审题专门课、框架搭建专门课、书面表达提高课等，从形成语篇到完善语篇，逐步提高学生的写作能力。我们还组织学生参加《21世纪报》举办的书面表达大赛、小托福考试等，使其在真实的任务中锻炼、提高、完善。

三、研究成果

1. 基于"教"的立场的成果

经过三个年级的实践和探索，我与本教研组教师一道，在实践中研究，在研究中反思、提炼。首先我明晰了课标中对不同年级的学生写作的要求，在自己命制书面表达练习题或考试题的时候，就会有所侧重，不会千篇一律；同时在对学生的书面表达进行评价的时候能够做到更加客观，能够按照课标的要求进行客观评价，会用多把尺子进行评价，而不是统一用中考评分标准评价；明确各年级针对写作培养的目标和策略，三个年级学生的身心发展水平不同，教材内容不同，课标要求不同，因此对写作积累的方式不同，对写作训练方式不同，对学生写作评价标准不同，能够做到写作活动设计符合学生的身心发展，符合学生的语言水平，循序渐进，逐步完善；自己能够很好地确定分年级书面表达的评价标准，能够有针对性地指导学生写作能力。在与同伴研究、实践的过程中提高了团队协作的意识，在集体的帮助下，个人在教学生也取得了很好的成绩。本人执教的初一上 Module 9 Unit 2 They're waiting for buses and trains 一课获得"一师一优课、一课一名师"部级"优课"；本人执教的 Life in the future 获得辽宁省初中英语优秀课级优秀教学成果一等奖；本人完成的《提高初中学生书面表达能力的策略》获得西岗区教育科学"十二五"规划中期个人优秀成果二等奖。

2. 基于"学"的立场的成果

经过近三年的实践，我校不同年级的学生在书写、准确表达、逻辑关系、文章主题、真情实感等方面有不同程度的提高。学生的书写明显进步，每个年

躬耕笃行　潜心育人

级基本消灭书写不可辨认的情况；为了能够准确表达，学生在词汇的记忆、运用、语法使用、句子表达等方面都有不同程度的提高，同时也提高了卷面上其他题目的得分率；学生在文章的主题、逻辑关系等阅读题目上的得分提高幅度明显；在测试中书面表达的得分率明显提高。学生能够深刻理解文章的主题，明确文章结构，理清文章的逻辑关系，增加了文章阅读的乐趣，提高了英语阅读的兴趣，从而促进学生阅读量的增加、积累的增加、感悟的增加，而这一切又作用于学生的书面表达，大部分学生能够做到真实表达，提高了听说读写的积极性。为未来的高中学习和未来生活打下良好基础。

四、问题反思

1. 存在问题

书面表达需要在听和读的大量输入基础上进行，是输出的过程，不仅需要语言知识的积累、语言能力的提高，同时还需要创造性思维能力。而这些能力的提高不是一蹴而就的，也不是只在英语学科课堂上就能够实现的，需要循序渐进，各学科通力配合，学生自主学习加上同伴互助，更重要的是在教师引领的过程中才可能完成。因此，短短三年时间只能有一点点进步，是不可能完善的。本课题还需要在今后很长一段时间进一步研究，同时还需要从更多的层面和维度进行实践。

2. 完善或改进方向

希望本课题能够在专家的引领下完成，能够很好地借鉴托福和雅思书面表达培训中的经验，借鉴高考书面表达训练的经验；书面表达一定是基于听和读足够输入的基础上，是在说的基础上逐步完善的。今后的研究需要进一步完善和细化，既提高教师的实践和反思、提炼能力，又提高学生学习兴趣，进而提高学生的语言学习能力。

自主设计　自主学习

一、什么是自主设计，自主学习？

自主设计教学模式指的是在课堂教学中教师激发、支持和帮助学生，让学生按照自己的兴趣、爱好等确立学习目标，选择学习内容，制定详细策略，设计学习途径与方法，并通过独立思考与合作研究的方式自主地理解学习内容，取得学习结果并进行自我评价。

所谓自主学习是以尊重学生的独立人格，发展学生个性为宗旨，以更好地发挥学生在学习过程中的积极性和主动性，使学生更好地学会学习（自己决定学什么、怎么学、自己总结、评价学习结果）为目标的一种学习思想和学习形式。

我校的"自主设计，自主学习"是指在新课程标准下，教师依据学生的认知水平、知识经验，指导学生进行主动的知识建构，学生根据自己的知识水平、能力水准、学法特点和心理特征参与学习设计，通过亲自实践，主动地思考、发现和创新，体会到自己就是学习活动中的主人，自主发展。

二、为什么要学生自主设计，自主学习？

心理学研究告诉我们，唯有当学生能自由参与探索与创新，真正体会到知识的个人意义与社会价值时，身心方才处于最佳状态，思维方法才被激活。因此，在学习过程中应该让学生成为认识的主体，让学生成为思维活动的主体。

课程改革强调学生自主、合作、探究的学习方式，在教学中，教师要为学生创造条件，创设情境，增强体验，激发兴趣，使学习成为学生的内在需要，变被动接受为主动学习。学生只有养成主动学习的习惯，才可能实现终身学习的目标。

"自主设计，自主学习"就是让学生参与课前的设计、课堂的实践、课后

躬耕笃行　潜心育人

的练习和反思，真正确立学生在课堂上的主体地位，给学生提供学习的条件和机会，唤起学生的主体意识，发挥学生的主观能动性。

在学生"自主设计，自主学习"的过程中，学生既是学习方案的设计者、制定者，也是学习方案的练习者、实践者与评价者。

三、学生如何进行自主设计，自主学习？

学生进行"自主设计，自主学习"应该是一个循序渐进的过程。我校基本上是按照以下流程完成学生自主设计，自主学习的。

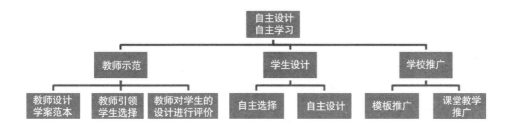

（一）教师示范

1.教师为学生设计做示范。教师以新课程标准为指导、以现行教材为主要依据、以素质教育要求为目标，经过集体研讨、个人备课、再集体研讨，为学生的课堂学习设计方案，用于指导学生自主学习、主动参与、合作探究、优化发展。教师的学习方案设计以学生为本，以"三维目标"的达成为出发点和落脚点，是学生学会学习、学会创新、自主发展的路线图。教师为学生设计的学习方案在使用过程中被学生接受，逐步成为学生的学习方案设计的范本。

2.教师引领学生选择

教师在为学生提供学习设计方案范本的基础上，引领学生进行思考和选择：

（1）我想设计哪个板块的学习活动，如何设计？

（2）我能提出哪些问题？

（3）我想如何解决这些问题？

3. 教师对学生的设计进行评价

为了方便征集学生意见，学校组织全体教研组长，依据学校教师编制的学案模板的相关板块，编制出学生学习设计征求意见表（见附 1）。由教师告知学生需要参与设计的章节，学生以小组为单位，写出本小组的意见或建议。教师在集体备课中充分采纳学生的意见或建议，或者对学生的意见或建议进行合适的修改，进行学习设计的重组。在重组的学习设计中标注被采纳建议的学生姓名，对学生的设计给予充分肯定。

（二）学生设计

1. 学生自主选择

在明确教师下达的任务时，学生根据自身情况选择学习设计的方式——或是独立个体，或是一对伙伴，或是一个合作共同体进行学习设计。在合作共同体中自主选择适合自己的角色——资料收集员、信息重组员、问题提出者、活动设计者、学习设计记录者等。

2. 学生自主设计

学生自主设计分两种形式：个体独自设计和小组合作设计。在实践过程中，我们发现真正进行个体独自设计的学生几乎没有，同学们都愿意合作完成任务。他们首先选择好合作的方式，明确了自己的分工，然后开始自学文本，发现疑难，查阅资料，重组信息，提出问题，设计问题解决方案，形成一个板块的学习设计。

（三）学校推广

1. 学习设计模板推广

在学生参与设计、自主设计的基础上，学校推出了学生学习设计模板（见附 2）。从学习目标、活动设计、练习、达标检测、研究性作业等五个方面进行适合学生个体和班集体的学习设计。鼓励学生用最优的活动设计和练习检测题，在学习设计中充分体现层次性、选择性，让不同的学生在课堂上都进步。

2. 学生进行自主学习设计的课堂教学推广

当我们发现一些优秀的教师能够很好地组织、教会学生进行学习设计时，

躬耕笃行　潜心育人

我们及时组织全校教师深入课堂观察，在学生进行自主设计的课堂中，学生学习的状态、学习的效果与教师进行学习设计的课堂有什么不同。观察结果显示学生进行自主学习设计的课堂上，学生积极性更高，学习效果更好时，我们就向全校推广，鼓励教师放手让学生进行自主学习设计，教会学生自主学习。

四、学生进行自主设计，自主学习的效果

1. 学生自信心增强。学习设计上有学生的名字，学生有展示的欲望，学生按自己的思路掌握知识，学生学会规划安排自己的学习，学生明确自己思维的路径。

2. 学生自主设计学习方案对于理解知识、了解文本有很大的帮助。对于能够自学解决的浅显的基础知识、概念，学生可以在设计学习方案的过程中独自完成学习。

3. 学生自主设计的学习方案在完成的过程中充满了挑战。面对困难，学生会认真阅读课本知识，处理好课外资料，综合利用各种资源，从而培养解决学习困难、主动寻求学习策略的能力。

4. 学生选择了成长共同体学习设计，促进了自主探究、合作学习、学会学习的能力。

5. 教师"以学定教"。通过学生的设计，了解学生对什么感兴趣，从而更好地了解学生，更好地践行"以学定教"的理念，还能够培养学生合作学习品质，为学生提供交流的机会。

五、学生参与学习设计应注意的问题

1. 不要人为增加学生负担。学生参与学习设计需要花费大量的时间和精力，学习设计就应该是作业的一个重要部分，教师要充分考虑学生的作业量。

2. 明确什么样的课型需要学生进行学习设计。并不是所有的课堂都需要学生进行或参与学习设计，教师在充分备课的基础上，明确哪些课型需要学生参与或进行学习设计。

3.明确何种教学情境需要设计小组活动。不是所有的环节都需要学生进行活动设计，教师需要明确什么样的教学情境或疑难问题需要设计小组活动。

苏霍姆林斯基说："让学生通过自己的努力去理解的东西，才能成为他自己的东西，才是他真正掌握的东西。"让我们充分发挥学生进行学习设计的自我教育作用，教给学生自主学习的方法，推动学生主动学习。

附1：学习设计（学生意见征集表）

附2：学生学习设计

躬耕笃行　潜心育人

附 1:

学习设计（学生意见征集表）

学科：　　　　　年级：　　　　　填表人：

学习目标 （我希望通过本章学习，学会什么知识，能做什么事，能体验到什么）	
活动设计 (我希望老师设计的活动能让谁来参加，单独活动，还是小组活动，如何活动）	
练习 （我希望老师设计的练习是针对什么层次的同学的，统一的练习还是分层次的练习，练习时需要老师提供哪些帮助）	
达标检测 （我希望老师检测的内容是什么难度的；检测时间多少，如何反馈）	
研究性作业 （我希望老师留什么样的作业，统一的作业还是分层次的作业，对于老师留的作业希望如何反馈）	

附2:

学生学习设计

时间:

学科	章（单元）	年 班	小组名称	组长	成员姓名

学习目标	
活动设计	
练　习	
达标检测	
研究性作业	

躬耕笃行　潜心育人

仰取俯拾

同伴互助显真情　专家引领助成长

—— 国培班学习感悟

"给学生一个平台，他们会表现得很精彩。"2010 年 10 月，在国培班，我走上了展示的平台，在学员、专家的帮助下，我迈上了更高的台阶。回首与国培班学员共度的点点滴滴，心生颇多感慨。

国培研修有一个教学实践环节，组内教师推荐我来上实践展示课，我勇敢地承担了任务，还暗自思量：作为一名教师，我们天天上课；作为一名骨干教师，也经常上公开课，在国培班上一次也没什么了不起的。这次展示课的任务是上一节"Go for it！"——初二年级的复习课。但在明确了任务，又观看了浙派名师的展示课和连日来诸位专家、名师的讲座后，我突然间觉得自己的压力很大，因为这个平台其实很大、很高，我表现如何，其实并不代表我自己，而应该是群体智慧的体现，我代表的是国培学员在汇报。另外，我在教学中并不使用这套教材，我们所用的 NSE 教材与"Go for it！"有些差别，我对这套教材并不熟悉，尤其是教材前期出现了哪些词汇、哪些语法内容，本节课要涉及的前六个单元复习的重点应该是什么，我都不清楚。同时，借班上课导致我对学生一点都不了解，我所设计的教学活动他们会熟悉吗？我设计的教学内容能完成吗？开课前几天，其他国培学员与杭州市优秀教师进行了同课异构展示，这更加大了我的压力。幸运的是，学员之间的互助、专家的引领让我有勇气和能力站在了国培优秀学员展示课的讲台上。

与我同宿舍的刘晓辉老师，是来自辽宁铁岭的特级教师，她看了我的教学设计初稿后给我提出许多有益的建议，尤其是哪些语言是超出学生所学范围的，哪些词是学生学过的，哪些是学生没有学过的。在刘老师的"监督"下，

躬耕笃行　潜心育人

我教学设计的内容就不会超出学生现有水平了。我所在的研修小组在组长徐芝斌老师组织下开展了集体备课、磨课活动。李国超、姜华、袁飞等老师，以及其他组老师，如辽宁省教研员曲端、沈阳铁西区教研员王珏、本溪市教研员刘冰、乌鲁木齐职业大学副教授郁金香等国培学员都来到我宿舍，听我说课，帮我分析教学活动细节。他们的专业程度让我敬重，他们的认真态度让我钦佩，他们的无私奉献精神更让我感动——李国超老师为了帮我从网上下载材料忙到深夜；王珏老师为了帮我找一个素材，查遍了她的移动硬盘；曲端老师为了看我最后的设计，牺牲了自己的午休时间；张国老师为了帮我设计一张更美的幻灯片，推迟了自己的论文修改……

除了同伴间研讨互助，我还得到了专家的指点。杭州市名师班成员、江干区教研员邵葵老师听了我们的设计思路后，提出了很好的建议，如将本节复习课确定一个主题，大块的教学活动可以进行调整，以及教学过程应该注意的细节等。

终于到了上展示课的时候，因为有前期的悉心准备，有杭州市十三中优秀教师教育出的优秀的孩子，我设计的教学活动真的能把他们已有的知识激活，在活动中使用、拓展，达到本节课复习的目的。我带领学生走进"A wonderful journey"的复习主题，带领学生们从建立友谊开始，到养成良好的健康习惯，再到梦想中的大连，完成本课的梦想之旅。

课后，浙江省特级教师金跃芳的点评更让我明确我应该保持并发扬自己的特色教学——融激情于英语课堂教学。金老师对我的评价是"教师有激情，学生有热情"。当然金老师也提出了一些富有针对性的建议，如对文本的深层次挖掘，对课堂生成的拓展等。专家就是有高度、有深度，从金老师的评课中我受益匪浅。

通过这次展示课，我不仅得到了金老师的点拨，还得到了国培班学员的鼓励和肯定。我发现我们国培研修班真是藏龙卧虎的地方，专家就在我们中间。他们也提出了相应的意见和建议，如刘晓辉老师指出把板书设计好就完美了；郁金香老师认为我还应该注意个别单词的发音、对于孩子回答的问题给予更多的更高层次的评价。反思自己从准备到完成的全过程，我发现我改变了——我不仅关注教师的教要为学生的学服务，我更关注细节了。我不禁觉得英语教师应该富有激情地教学，我更坚定地把"融激情于英语课堂教学"作为自己的教学风格发扬下去。我庆幸，我有了一次登台展示的机会，我更感谢专家和同伴助我迈上了更高的台阶。

躬耕笃行　潜心育人

明晰　感悟　反思

—— 华东师大研修班培训感悟

2014 年 7 月 1 日至 7 日，我参加了"赢在执行——全球视野下的课程领导和校本课程开发"专题培训，与各位领导和研训教师们一道聆听了 8 位来自华东师范大学、上海市跨学科课程研究所、上海教委教研室的教育专家有关课程方面的专题讲座。7 天的培训使我对课程有了更进一步的理解，明白了作为副校长要有国际视野，要有大的课程观，要具备课程领导力，要有设计学校课程计划的能力，还要有课程评价的能力。

一、作为副校长，要有国际视野

我们应该了解国内国际教育的先进理念。钟启泉教授的讲座告诉我们，学校改革的逻辑：课程——课堂——教师。

1. 卓越教育的目标是让每个学生达到他能够达到的程度；课程标准由三部分构成——成就标准、内容标准、机会标准。

2. 课堂上学生获取知识点很容易，但学会思考很难；异质集体能促进学生合作学习，这既有利于学习困难学生，又有利于社会对人的要求，成绩优秀学生有机会教会学习困难学生；实现真正学习的三个条件：符合学科本质的学习、基于相互倾听关系的学习、挑战性学习。

3.《教师教育课程标准》对优化教师队伍，推进课程改革发挥引领作用：创建教师学习共同体，实现教师思想精致，课程资源极大丰富。学校必须从内部进行改革：变革了课堂，教师才会变；变革了教师，学校才会变。日本教育学家佐藤学在《学校见闻录》中提到，这条路绝对不平坦，而是需要庞大的能量、经历与睿智。学校改革的一切答案都在现场。

这一切都为我们的教育引领了方向，让我们知晓应该教育谁，应该如何教育，应该达到怎样的标准，亦即从教育内容、教育方式、教育评价为我们指明了道路。明确了教育的大方向，我们就能够更好地切合本校学生特点确定教学内容，采用国际上比较先进的合作学习方式，采用更科学的评价手段进行评价。

二、作为副校长，要有大的课程观

刘定一教授认为：认知过程中宏观认知过程包含博学之，审问之，慎思之，明辨之，笃行之；基础课程的两个维度包含面向问题，达到学以致用，学会做事，面向内心，做到学会与人共处，学会成为自己。面向问题的课程教会学生从面向知识体系到面向问题，课程目标教会学生从明确物理到明确事理，教会学生从以实体为中心到以关系为中心进行比较研究，同时教会学生从接受性学习转向研究性学习，以论文或研究报告为主要考核方式。面向内心的课程教会学生从向外以知识充实头脑到向内以仁爱充实心灵，升华人格，教会学生学会甄别学习动机，审查学习过程，端正学习目的，具有自己特有的学习方式，树立学者为己，循道而行，以仁为己任的意识。

在大的课程观的指引下，我们的教育理念会发生变化，明确基础课程是以问题为中心的课程，教会学生用研究性学习的方式进行学习，学习的最终目的是"成为自己"。

三、作为副校长，要有课程领导力

上海浦东发展研究院的顾志跃认为，校长的领导力主要体现在3个方面：

首先是校长的学校课程领导力，包括：控制基础性国家课程的有效适度学习；开设拓展型校本课程的丰富激趣学习；关注探究型研究课程的参与体验学习；混合编班前提下有效的差异教学对策，以保证每个学生的充分学习。学校校长可以从以下5个方面进行课程方面的设计——校本化课标、基础教案、校本化练习册、针对学生差异的有效教学对策、教师对教材的二次开发。

其次是校长的教学领导力，主要包括：学校教师的有效配置；学校教学常

躬耕笃行　潜心育人

规的建设水平；教师的上课能力，确保学校常规课的质量；有效的学校教学质量机制；学生的总体学业成就；学校的教学效能高低。他还认为课堂评价可以从以下 5 个方面入手：教师的教——调控能力，教学互动，教材解读，课堂评价，差异对策，突发应对；教学现象分析——情境，问题，活动，事例，题目，教学形式，实验，教学具，多媒体课件，板书，讲演，情绪；教学分析——教学技术分析（导入，传授，强化）；教学质量分析（目标，内容，过程，结果，最近发展区）；教学价值观分析（课程观，教学观，质量观，学生观）。

最后是校长的教师专业发展领导力，主要包括 4 个方面：教师的成长——角色适应，经验积累，学科领袖；教师的存在感——被尊重，有友爱，能胜任，感兴趣，有归属感，有进取心；教会教师做一件事——编写自己的《××学段学科教学论》；规划在职教师的研修地图——专业理念与师德，专业知识，专业能力。

明白了作为副校长的领导力的主要方面，明白了应该如何设计课程、如何实施课程、如何培训教师，我们的工作就会有的放矢，就会轻负高效。

四、作为副校长，要有设计学校课程计划的能力

上海市教委教研室的韩艳梅博士、夏雪梅博士认为：学校的课程计划编制首先要依据国家的教育方针、国家的人才培养目标、地方的人才培养标准、社会的需求，还要依据学校的办学特色、学生的现状、教师的实际、地域的资源等。在正确的办学理念引领下，才能够确立合理的办学目标，设计合理的课程结构、科学有效的课程管理制度，设计合理、适切的评价标准。编制课程计划的 4 个主要方面是：背景分析、目标与结构、实施与评价、课程计划方案的更新。

明确了课程计划编制的主要方面，我们学校的课程计划编制就会在正确理念的指引下，遵循学生发展规律，切合学校实际，就会更加科学。

五、作为副校长，还要具备课程评价的能力

上海市教委教研室的赵才欣主任认为：评价要遵循增值性原理，发挥评价对工作的导向作用；评价要遵循全员参与原理，进行开放性评价，促进教育公

平。他还介绍了上海开展的学生学业评价的绿色指标，主要包括 10 个评价指标：学生学业水平指数、学生学业负担指数、学生学习动力指数、师生关系指数、教师教学方式指数、身心健康指数、进步指数、品德行为指数、学生背景的影响指数、校长课程领导力指数。这些指数从数据收集到信息的关注点更加全面地关注学校课程的整体状况，评价更全面、更客观。

　　培训让我思考：作为学校的副校长，我在学校课程计划编制、课程开发和实施、课程评价全过程中，应该承担什么样的角色。首先要树立正确的课程观，明确课程的作用和意义，会制订学校课程计划，会指导教师开发校本课程，会管理学校课程的实施，会针对学校课程实施的过程和效果进行评价。作为副校长，还应该了解学生的需求，会收集信息，为校长的合理决策提供依据。当然，作为副校长，还应该在课程实施一个阶段之后，会合理进行阶段总结，总结经验，明确不足，为下一阶段的课程计划的修订和实施提出改进的依据和建议。

躬耕笃行　潜心育人

转变观念，明确责任

——参加辽宁省命题培训的体会

2019 年 3 月 12 日至 15 日，我与全省近 100 名教研员、英语教师共同参加了辽宁省初中学业水平考试命题工作培训会。时间虽短，但收获颇深，现总结如下：

一、幸运，有机会聆听专家现场指导

本次培训中，我有机会现场聆听专家的指导。专家张卓玉为我们做了主题为"中考的改革空间"的专题培训，向我们传达了国家层面的相关政策，高中新课标的新理念——项目化学习、大概念教学、学习任务群、整本书阅读、情景化教学以及情景化考试等，分析了我们现在课堂教学中存在的问题，指出了未来教学的导向——引导学生读懂教材的每一句话，引导学生阅读学科报刊、学科书籍，引导学生深度理解概念、原理、思想，引导学生写学科类文章。明确未来考试的测试重点，关注情境的设置，关注能力的考查。赵大川教授"基于标准的测试命题技术分析"向我们详细讲述了教育测量的特性、试卷编制的基本程序、试题编制的基本要求，以大量的例子帮我们分析了测试的科学性、公平性、真实性、准确性及规范性。我们还聆听了沈阳市英语研训教师栾庆关于"基于学科课程标准的考试说明解读"，聆听了大连市英语研训教师刘敬雯关于"学科考试常规题型的功能与命题技术"的分析。专家的讲座从宏观上、从实际操作中让我们明确：理念比技术更重要。因此在培训过程中，在日后的实际教学过程中，在有机会命制试题的过程中，我们必须充分考虑学生的发展、学生的负担，一切为了学生的发展。

二、实践，有团队互助共同分享

在本次培训过程中，学科组织了分小组的命题实践。首先我们共同编制双向细目表，从宏观上确定测试的目标、每道题目的大致难度，甚至确定了大的考查内容。接下来，我们分头根据双向细目表命制自己的试题，然后在小组内交流，小组成员之间互相切磋，从试题情境的设计与考查目标的契合度，试题设计的科学性、规范性等方面进行研讨，反复斟酌，反复修改，直到满意为止。小组成员将自己的命制试题编成一套测试题，再次调整考点的分布、内容的取舍。最后，每个小组分享小组命题的经验，分享培训的感悟。本次参加培训的教师来自全省各地，地域不同，教育水平有差别，各地使用的教材版本不同，在内容上有差异，每位教师的学术背景也有差异。因此，在实践操作过程中可互相借鉴的地方很多，对英语教育的理解，针对测试内容的取舍，对课堂教学的评析，对今后个人专业发展的定位，每个人都有了新的认识和思想方面的转变。

三、收获，有希望在专业上迈上新台阶

通过本次培训，我体会很深，收获很大。首先，我坚定了一个信念：减轻学生负担。无论是教学内容的选择、教学方法的运用，还是在测试题目的编制方面，都要考虑学生的负担。作为教师，我们的责任和使命就是促进学生更好的发展。让学生学得轻松、学得愉快是我今后在教育教学过程中不懈的追求。另外，通过本次培训，我还明确了一个责任：考题要帮助学生学会求知，学会生存和发展。教育是要有连续性的，我们的课堂教学是教育，课外活动是教育，我们的测试也是教育。在测试中，我们的选材要帮助学生形成正确的价值判断，我们的测试情境要帮助学生还原现实生活的场景，解决实际问题，我们的试题分布要帮助学生学会运用正确的策略解决实际问题。

三天的培训时间短暂，但收获很大，我对教育教学有了更深的理解，对课程目标有了更清晰的认识，对学科测试的规范性有了实践体会，对自己作为一名英语教育工作者有了更高的要求，对自己未来的成长有了更高的期待。

躬耕笃行　潜心育人

问道成都，结伴前行

——辽宁省学科带头人培训班学习感悟

2020年10月13日至19日，我参加了在成都举办的辽宁省学科带头人培训。短短一周的学习时间，我聆听了成都教育教学领域专家的讲座，参观了成都的重点初中校园及学校文化建设情况，也结识了来自全省的名师。学习的过程，也是反思的过程，更是促进个人专业成长的好机会。成都学习结束了，但作为学科带头人团队的学习才刚刚开始，本次学习感悟很深，既有专家引领下的继续学习动力，又有个人今后成长的计划。

一、做个幸福的教师

何平老师的"做个幸福的人"的讲座，促人深思。"微笑的抑郁"的现状，"幸福的人心里是舒服的""一位教师的职业成就感和幸福感是在良好的师生关系中建立起来的"理想职业状态，以及"给他的生命一束光""想教育，先把温暖放进去""培养学生积极乐观的心理品质，为一生幸福奠基"的教育教学实践，让我能够享受作为教师的职业成就感，享受助力他人成长的乐趣。我深深地理解了"人最深切的幸福感是被需要被欣赏"。做一个幸福的教师是我今后工作的目标，更是做好教育教学工作的先决条件，只有自己成为一名有满满幸福感的教师，才能够让自己的课堂、自己开展的教育教学活动的参与者有满满的幸福感，才能使自己带领的团队成员有满满的幸福感。

二、做个会研究的教师

刘大春老师的"项目研究与教师专业成长"，让我深深地明白"优秀的课堂是有激情的""研究需要聚焦主题，攻坚克难"。在日常工作中，要善于发现问题，解决问题。在目前情况下，有效沟通，纪律管理，作业管理，矛盾管理与冲突化解等都可以成为研究的主题。作为一名善于研究的教师要有将问题转化为课题的意识，并能够在理论的指导下进行有效的专业研究，并将研究效果表达出来，为别人的教育教学提供样例。做个会研究的教师，才能使自己从单纯的教师慢慢蜕变为智慧教师。作为一名教师，要在工作中善于发现问题，找到问题产生的根源，在实践中尝试找到解决问题的路径，更重要的是，能够将时间过程进行总结和提炼，形成有价值的见解，成为指导今后工作的路标。

三、做深度学习课堂的实践者

贺慧老师的"引导学生深度学习的课堂教学策略"详细解读了深度学习课堂的特点，明确了深度学习的课堂上应该培养学生"团队合作能力—问题解决能力—人际交往能力—言语沟通能力—创造力—个人生涯发展—听的能力—领导力—目标设置能力—书写能力"等。深度学习的课堂上，教育模式也从学生被动学习转变为主动学习，教师主要帮助学生发展原创思维、提高信息保持能力、建立高阶思维能力。深度学习的课堂采用基于问题的学习、基于项目的学习、基于挑战的学习、基于探究的学习的方式，鼓励学生创造性地解决问题并积极实施解决方案。在自己今后的课堂教学实践中，我愿意成为深度学习课堂教学实践者，为学生真正成为高效学习者创造有利条件。

四、做个能带头的名师

罗哲老师的"谈名师队伍的团队建设"让我们深深地明白：团队建设的核心是认同感基础上的凝聚力；团队建设的两翼是决策力、执行力；团队建设的润滑剂是沟通力和激励力；团队建设的机芯是规则、人性。作为名师，应该在

躬耕笃行　潜心育人

自己进步的基础上，创建自己的团队，能够带领团队进行有效的实践、研究，并能够将自己的研究成果总结提炼，与他人分享，成为他人实践可参照的样例。在团队建设过程中，要明白团队建设的目的，从团队成员的选择、团队努力的方向、团队实践的策略、团队研究的过程记录、团队研究成果的分享等方面逐步带领团队走向专业，走向成熟。

本次学习最大的收获是在工作中、在生活中要学会沟通，在沟通中逐步完善自己，影响他人，强大团队。作为一名学校管理者，我深深地理解，要不断促进学校发展，找到适合自己学校发展的路径，并能够做实、做强，这样既能促进学生成长，又能促进教师发展，还能得到家长认可，真正办一所让人民满意的家门口好学校。

更好地发挥专家组的辐射作用

我是区课堂高效教学专家组的成员。在与其他专家共同参与课堂观察、交流研讨、学习反思的过程中，我个人取得了很大的进步，同时也促进了学校高效课堂的发展。

一、作为专家组成员促进个人的成长和进步

第一，成为专家组成员，是一个很好的学习机会。以往的课堂观察没有什么依据，只是看到什么，想到什么，随意说说就可以了。自从参加了专家组的活动，我就开始认真查阅、学习有关课堂观察的要点、评课的方法，自身素质有很大提高，现在评课知道从哪些方面进行评价了。在进行课堂观察的同时也是一个学习的机会，向做课教师学习，学习他们较好的理念、有效的活动设计，并应用于自己的课堂教学之中。在评课的过程中还可以向其他专家学习，学习他们的理念、课堂观察的方法，记住他们所赞同的课堂高效的做法。向领导学习，每次看课，张局长和佟主任都能从更高的角度对所看的课进行点评，并提炼出有效、无效的环节，从他们那里能够学到更具有指导意义的理念。

第二，专家组的课堂观察是一个很好的促进个人反思的机会。通过给别人评课，不仅可以反思自己的课堂是否存在无效或低效环节，而且在评课的过程中还要提出课堂高效的建议，于是也就更加明确自己的课堂上，哪些环节是高效的。每个月都要做的课堂观察报告，应该有深度、有实际意义，因此写观察报告，对自己也是一种提高。

第三，作为专家组成员，我感觉自己的责任更重。在专家组的课堂观察中，评课要有理有据，要有指导意义，我倍感身上的担子更重。因此，课堂观察要做得更详细、更深入，评价要更有针对性。另外，作为专家组成员，自己的课

躬耕笃行　潜心育人

堂应该尽力达到高效。只有自己能够起到榜样示范作用，我们的评课才会令人信服。

二、作为专家组成员促进学校的改变和发展

因为我在学校也做教学管理工作，所以专家组的工作也让我校大大受益。

第一，自身的发展可以带动同组教师的进步。在学校里带徒弟，他们可以从我的身上学到更先进的理念。参与组内教研活动时，我可以将看到的、想到的有关高效、低效及无效的教学活动与组内教师共同研讨。同时在我继续对组内教师进行课堂观察的时候，评课更加专业，提出的建议更加具体，更具有可操作性。如，我们在集体备课时就做到全组教师明确：本模块的教学目标是什么，具体到学生要理解、掌握、运用哪些知识，要具备哪些能力，通过什么活动教会学生什么方法，如何让学生在活动中感悟和学会方法，如何进行情感的培养和熏陶。接下来再根据自己所教学生的特点进行具体的教学活动设计。课后我们又会在一起讨论谁的课堂目标明确，谁的教学活动设计有效，谁的师生关系处理得好，不好的应该如何改进。一次次的交流和研讨中，我带领外语组教师正慢慢改善我们的课堂，逐步实现课堂教学高效。

第二，及时反馈专家组看课的结果。每月专家组看课结束后，我都会在第一时间内，将专家组看课的情况向全校教师汇报，既汇报专家们归结的高效的教学设计，又推出典型教师，并总结他们的课堂特点，要求全校看这些教师的课，向他们学习。同时又将低效或无效的教学设计向教师们反馈，并提出要求：在今后的课堂教学中应该杜绝这些低效或无效的现象。针对专家评课的建议，也通过培训的方式让全校教师明确，并在今后的课堂教学中有效实践。开学以来专家组到我校进行了三次课堂观察，我根据专家组看课的情况，有针对性地对全校教师进行了三次培训。第一次，"停下来看看前方的路，我们会走得更好"。在这次培训中针对课堂教学目标不明确的问题，我提出"课堂教学必须明确目标"的要求。第二次，"学习、反思、改变"。经过一段时间的调研课分析和校专家组评课，教师们已经重视对课堂教学的目标确定，但也只是仅仅确定了教学目标，课堂各环节的设计不尽合理，对学生自主学习的方法指导不

够，教师讲得多，课堂上给学生独立思考和解决问题的机会不多，我们又提出"教学目标的清晰呈现；给学生自主学习时间；学生用完整的语句表达；每课依据目标的课堂小结；分层次、有内涵的作业"等五条教学环节的具体要求。

第三次，"明确目标，坚持不懈"。我校是区小班化课堂高效教学试点学校，所以我们对课堂教学的组织形式进行了改变，通过形式的变化，促进教师尽快改变教的方式和学生对学的方式的设计，调动所有学生的积极性，关注不同学生的个性发展。因此在这次培训会上明确提出"将高效课堂进行到底，积极尝试，让我们的课堂最有效"的要求。

第三，根据专家组反馈的意见和建议，及时调整我校质量调研课的评价细则。最初，我校设计的"听评课记录表"关注得面面俱到，但却不实用，看课的领导和教师并不能很好地关注到各个细节，也很难抓住重点进行评价。后来根据专家的评课意见和建议，我们及时调整质量调研课评价细则——关注教学环境的布置，关注教学目标的确定，关注学生的课堂状态，关注教师的课堂组织。现在，我们又开始了新一轮的质量调研课，我们采用了文理分组，录典型教师的课，然后以文理科组和小学科组为单位进行集体评课的形式，同时也调整了课堂观察细则——我们特别关注小组活动的设计，关注全体学生的参与度，关注教师提问的质量，关注教和学的活动设计。通过这些课堂评价细则的调整，教师明确学校关注的重点，明确高效课堂应该关注的重点，同时也渐渐明确，高效的课堂到底该如何设计。丁老师上了一节质量调研课，大家评价很高，认为这是一节典型的高效课堂，在评课结束的时候，丁老师说："其实，我就是按照于校长培训方法上的，特别有效。"

第四，带动校内专家组的工作。因为区专家组的工作具有很强的时效性，所以我们也将区专家组课堂观察的方式，借鉴到我校的专家组成员工作中来。我们也要求校专家组成员听完课之后，写出课堂观察报告，真实反馈我校的课堂教学实际，同时对全校教师给予及时有效的指导。

作为区专家组的成员，我有机会看其他学校的课，有机会向别人学习，更有机会促进自己的提高和进步。在个人成长的同时，带动学校课堂教学的提高和发展。我想，这一定也有机会带动区域课堂教学的发展。

骨干教师如何发挥专业引领作用

"志存高远、爱岗敬业；为人师表、教书育人；严谨笃学、与时俱进。"这是骨干教师定义的一种。

骨干，是在集体中起主要作用的人。

骨干教师就应该是在教师队伍中起主要作用的教师。

"骨干教师是动力源，应把重德、重识、重绩，求新、求实、求深，爱校、爱岗、爱生的思想情操辐射到所在地区的每一位教师身边；把自己过硬的教学、教研功力无私地撒向广大教师的心田。"

骨干教师，首先应该不断更新教育方法和理念，在实际工作中兼收并蓄、与时俱进、完善自我；同时又能发挥示范、辐射、指导和引领作用，真正实现思维先进、引领他人、同伴互助、共同进步。

一、认真立足岗位，发挥示范带头作用

作为骨干教师，我们应该对自己的教育教学更加严格要求。无论是教学、科研还是人格，都应该是榜样，起带头作用。骨干教师在课堂教学中应具有前瞻性，对全面提高课堂教学效益应有比较深刻的理解和思索。平时敢于将自己的每一节课都向其他教师开放，时时刻刻接受其他教师的看课和评课。通过自己不断努力，逐步形成特点鲜明的课堂教学风格——或温馨朴实，或活跃有趣，或富有激情，或精于设计，或方法独特。

听过我的课的教师都认为我的英语课特点是富有激情，而我的学生们也更加乐于上我的课，他们认为我的课"挺有意思的"，学起来不累，在不知不觉中就把知识学会了，而且课后还不用花大量的时间去复习。这是因为课上激情的渲染让他们情不自禁地提高了注意力，知识点也就相当牢固地记在了脑子里。

骨干教师的课堂中都应该有一个共同的特点——让每一个学生都参与。让学生们学得轻松、学得有效，这才是教师应该追求的目标。无论是年轻教师、老教师，还是其他学科的教师看骨干教师的课，都能从中学到有效的组织教学方法，学到精巧的教学环节设计，学到独到的教师语言魅力，学到教师对学生扎实有效的"学会学习，学会生存"指导。

骨干教师在接受其他教师和领导的评价、监督的过程中，不断地提升自己，帮助他人，发挥示范带头作用。

二、积极参加教研活动，发挥辐射带动作用

参加教研活动，是教师业务提高的最好途径。通过参加教研活动，教师能更快地了解学科的前沿信息及动态，通过观摩、研讨，教师能在对比中反思自己的教学，及时发现教学中的共性问题。在与别人交流和探讨的过程中，找出教学中的优势与不足，为今后的教育教学提供借鉴和指导。

在教研活动中，骨干教师要敢于发表自己的观点，敢于与别人交流和探讨教育教学理念，乐于与其他教师共同分享自己的教学智慧与心得。

在研讨互动中，骨干教师不但开阔了自己的思路和视野，自身素质得到提升，更为年轻教师起到了引领作用，促进教师群体素质的提高，达到了共赢的目的。

骨干教师能向别人学习先进的教育教学理念，更应具备总结提炼和反思的能力。骨干教师有责任带领全组及全校教师发现教育教学中的问题，以问题为牵动，开展行动研究。

有机会了解"有效教学"的理论后，我就与我校英语组的全体教师对"何谓有效教学""有效教学具体体现在哪些方面""如何实施有效教学"等问题进行研讨，随后发现我们的课堂教学还存在一些问题，还有一些无效环节。因此，我们决定对三个年级从不同的教学环节进行实践研究，并不断地总结和反思。在理论指导下的实践研究，大大促进了英语课堂教学的有效性。现在，"有效教学的实践研究"已经成为我校"十一五"研究课题。有效教学的实践研究，让我校教师充分体会到了教育科研带来的喜悦。教师在研究中不断进步，教师

群体素质在研究中不断提升。

骨干教师要敢于实践，并随时总结经验和不足，在前进的过程中不断充实自己，促进团队的提高。

三、努力培养青年教师，发挥专业指导作用

做年轻教师的师父，指导他们尽快成长是骨干教师的一项重要使命。我充分发挥骨干教师的教育教学优势，通过传、帮、带、导、提、教，切实加快青年教师成长，提高青年教师的教育教学能力和教育教学研究水平，促进教师专业成长，提高教学质量。骨干教师关心徒弟教师的成长，认真帮助徒弟教师提高教学水平和业务能力，让徒弟教师明确努力提高的方向和成长途径；帮助徒弟教师解决教学中遇到的疑难问题，在教学环节和教学方法中为新教师指点迷津；帮助徒弟教师确定研究专题，开展研究，促进青年教师自主发展。

作为教学师父，我经常和我的徒弟们一起学习《课程标准》和有关理论，观看市、区级的优秀录像课，与他们一起备课，一起研究学生状况，听他们试讲，听他们说课，亲自给他们上示范课；课后我及时为他们评课，指出教学中的优点，同时也指出需要改进的地方，提出改进的建议。师父为徒弟评课，能够促进徒弟能力的提高；徒弟为师父评课，更可以促进师徒的共同成长。作为教学师父，我鼓励徒弟们大胆上校级、区级研讨课，并鼓励他们认真撰写教学反思、教学论文等。在我们学校，一批年轻教师在骨干教师的指导和带动下，成长进步很快。他们的教学设计在省里获奖，他们的课堂教学也已经成为校级甚至区级观摩课。作为一名骨干教师，我还经常鼓励和带动年轻教师参加各种各样的培训活动，让他们走出校门学习，眼界更加开阔。

骨干教师要能够带动、指导周围教师爱学习、会学习，更要将所学知识应用到教学实践中去，并形成一种团结协助、乐于研讨的有效教育教学氛围。

四、不断提升自我，发挥专业引领作用

"教育者必先受教育。"冷冉先生曾提出，"观念是行为的先导，有什么样的观念，就有什么样的行为，先进的教育观念能产生先进的教育行为。"骨

干教师应该时刻关注国际教育、国内教育的发展走向，把握基础教育的改革发展方向及本学科前沿问题。课程改革已经进入向纵深发展的关键时期，更新教学观念，转变教学方式，以学生的发展为本，这些都应该是一名骨干教师必须具有的理念和意识。

要做到上述要求，骨干教师就必须不断学习，尽可能多地从报纸、杂志以及相关理论书籍中汲取营养，丰富自我，进而内化为自己的教学行为，使自己真正在师德、新课程理念、教育教学艺术、施教能力等诸多方面都有质的飞跃，提高自己的教育教学水平。

同时，骨干教师要把自己在学习和教学实践中的感悟传递给周围的教师，使他们能够共同分享骨干教师的教育智慧与经验。

2005 年，我有幸被派往澳大利亚学习。归来后，我将自己的所见所闻、所感所思详细梳理，向全区英语教师进行了汇报交流。将自己在澳期间所学到的先进教育教学理念和有效的教育教学方法传递给他们，实现优质教育资源共享。

在平时的工作中，我总是抓住机会将自己学到的理念、方法和新知识介绍给本教研组教师及全校教师。为了尝试新的教学方法，我主动上研讨课，虚心请同组教师点评，在交流、研讨中我得到了提升，其他教师也在碰撞中受益，实现同伴互助，共同成长。

参加远程培训之后，我将自己学到的有关英语教学的前沿理念、英语课堂有效的教学方法及时与区内英语教师进行交流；参加教育学院组织的命题培训后，我也在最短的时间内就"双向细目表"的制定和运用向我校教师进行汇报培训。

骨干教师不仅能做到自身优秀，更应带动、引领周围同事一道成长。

要想做一名称职的骨干教师，就必须进一步加强学习，不仅向书本学习，向专家学习，向其他学科骨干教师学习，向身边的同事学习，还应该向家长学习，向学生学习，并将学到的知识不断地应用于自己的教育教学实践当中，及时地反思和总结，不断地提高自己的教学和科研能力。

躬耕笃行　潜心育人

春风化雨，润物无声。作为骨干教师，我们会用一颗感恩的心，用勇担责任的胸怀，真诚回报给予我们无私帮助和支持的人，任劳任怨，把自己塑造成一名不辜负领导、同事、学生、家长期望的名副其实的骨干教师。

天空虽不能留下翅膀的痕迹，但我们曾经飞过，希望能尽全部力量增添一抹绚烂的光彩。

（本文发表于《大连教育学院学报》2011 年第二期）

读《致加西亚的信》有感

在《致加西亚的信》中有这样一段描述：你对一名职员说："请帮我查一查百科全书，把某某的生平做成一篇摘录。"他会静静地说："好的，先生。"然后会满脸疑惑地提出一个或数个问题：

他是谁呀？

哪套百科全书？

百科全书放在哪儿？

这是我的工作吗？

干吗不叫理查去做呢？

需要得急迫吗？

你查他有什么目的吗？

结果一：你回答了他提出的问题，解释清楚如何去查那个人的资料，以及你要求查这个资料的目的之后，那个职员会离开，去要求另一个职员替他查，过一阵子，他会回来对你说："根本就查不到你说的那个人的生平资料。"

结果二：也许你会满脸笑容地说："算了吧。"然后你亲自去查那个人的生平资料，并亲手做摘录。这种被动愚蠢的行为，这样姑息原谅的作风，会把整个社会带到三个和尚没水喝的危险境地。

作者观点：如果连为自己做事都不能主动，你又怎么能期望他们为别人主动做事呢？

这只是这本书中的一个片段，读完之后，我的感触很多。首先，如果我是那个被老板要求完成工作的员工，我会怎么做呢？我想，我不会问出上面那些问题，但我可能会问"完成这项工作的最后期限"，因为我要把手头所有的工

躬耕笃行　潜心育人

作进行重新排序，先完成最紧要的工作。安排好之后，我会亲自去查资料，完成摘录，当我认为圆满完成了，再送给领导审阅，提出意见后再修改。我主动完成任务的原因有两个：一是因为领导信任我，把这项工作交给我了，领导认为我能够完成好这项工作；二是我在完成这项工作的过程中也能够提升自己，假如我曾经做过类似的工作，我会把这次的工作完成得更好，甚至会有更好的方法或者创新；如果我以前从未做过这样的工作，我会认为这是一次很好的锻炼和学习机会，我会在完成这项工作的过程中学会新的东西，对不会的地方我会请教行家，甚至我也会找机会请教领导。

如果我是布置工作的领导，我会回答他提出的部分问题，因为我觉得这也是一种培训，我甚至还会提出如何完成这份工作的一些建议。但是，如果他提出更多的问题，或者认为完成这份工作有困难，我也许会说"不用了，我自己完成"。但我会很生气，也许以后再也不会给他布置工作了。可是，我自己也会陷入痛苦之中，我的下属怎么会是这个样子？难道他们不知道自己的职责吗？如果我的下属都是这样的，以后的工作难道都需要我自己来完成吗？因此，我认为每个人应该有相应的职责分工，人人应该各司其职，各负其责，认真履行职责，完成分内工作。同时我更希望我的下属能够有完成任务的意志和决心，有克服困难完成任务的行动。

另外，如果我是布置任务的领导，我会统筹安排任务，发挥下属的特长，安排他去做他能够完成好的工作。在需要的时候给予帮助，比如人员的支持、技术的支持等。

读完这本书后，我又查看了很多关于这本书的读后感，大家想法不一，但我读完后就一直在问自己：

我会是文中那位被大家推荐去为总统送信的麦文吗？我有什么优秀的品质和能力能让大家推荐我呢？我现在还缺少什么？我该怎样弥补？

假如我是负责推荐的部门领导，当领导需要有人去完成一项重要的任务，我会推荐出像麦文一样的人吗？我对自己的下属了解多少？有多少人能够完成重要使命？有多少人可以培养，会完成重要任务？

假如我是总统的话，我会找谁来推荐完成重要使命的人？我为什么相信他的判断力？我的下属中有多少人能够准确无误地完成推荐任务？

假如我是那些为了麦文完成任务提供支持的人，我会很好地完成自己的支持任务吗？

也许再看几遍这本书，我会思考得更多。

还是用书中的话来结尾更好：农夫必须在秋季收获之前，先在春季或夏季播种；学生在获得知识及毕业文凭之前，也要先注入几百小时的读书时间；秘书想成为经理，也要做相当多额外的时间工作；运动员想要赢得金牌，也要流许多汗水，埋头苦练才行；推销员想成为推销经理，也要先懂得"装填吸筒"的原理。你加进某些东西，补偿定律就会给你一些东西。

躬耕笃行　潜心育人

《小孩不笨》观后感

在《小孩不笨》这部电影快结尾的时候，一个孩子的爸爸说："我从小就是被人打大的，从来不知道也更没有体会到什么是爱。因此，当我想表达爱的时候，都不知道如何表达。"由此，我们就应该明白，他为什么总是打孩子，他想给孩子买个书包，为什么孩子会不喜欢……

在我们的班上一定会有一些学生的父母，他们也很爱孩子，但不知道如何表达自己的爱，他们有的对孩子过于严厉，动辄打骂；他们中也有的走向另一个极端——他们认为自己从小挨父母的打、骂或者是没有过上好日子，现在一定要满足孩子的一切要求，他们认为只有这样才算爱孩子。因此，在我们的周围就会经常出现孩子被父母打得严重或者是父母被孩子气得毫无办法的问题。我们该如何对待这些问题呢？或者说我们该如何教育这些孩子呢？这应该是值得教师思考的问题。

第一，作为学校，应该抓住机会通过家长学校的形式对家长进行培训。我们可以充分挖掘家长中或者教师中或者社会上的可用资源——成功孩子的家长、教育专家，或者是在某一方面有见地的社会人士，都可以邀请来成为我们家长学校的培训者。他们的培训甚至是现身说法，都可以为家长提供反思和借鉴的机会。

第二，作为班主任老师，可以将班级里那些家长们好的做法汇集到一起，出个小册子或者通过班级家长会的形式，促进家长之间互相交流。班主任老师也可以组织开展家长联谊的活动，促进家长之间交流孩子的情况，取长补短。

第三，学校可以定期给家长下发学习材料，为家长提供学习和借鉴的内容。

第四，教师应该加强自身的修养。电影中那位国文老师的错误，我们有没有犯过？是不是经常犯？作为教师，我们应该先好好反思一下自己的言行。先规范自己的言行，再谈对学生的教育。

第五，作为教师，我们也是孩子成人成才的教育者。因此，我们更应该了解如何对孩子进行品德教育。在日常的教育教学活动中，我们应该把品德的养成放到重要的环节上，并作为评价的重要方面。

第六，注重细节教育。教育不是一蹴而就的。我们在平时的施教过程中，应该注重细节教育、养成教育。

作为学校，我们有责任让家长了解；作为教师，我们自己必须了解：学生是一张白纸，我们在他们身上留下的痕迹可能会影响他们的一生。因此，我们所有的家长和教师都应谨慎对待自己的每一个施教行为，让孩子得到最好的发展。

思致超越

让每个学生都能"激情悦读"

一、主题阅读实践的缘起

阅读应该成为学生的重要习惯。一个爱阅读、会阅读、享受阅读的人，其人生一定是充实的、澄澈的、向上的、有为的。苏霍姆林斯基也有这样的观点，阅读不仅能挽救某些学生免于考试不及格，而且还能够发展学生的智力。他还说："学习困难的学生读书越多，他的思考就越清晰，他的智慧力量就越活跃。"这一切都说明了阅读的重要性。

然而，长期以来，语文阅读教学方面一直存在问题，考试的功利性使得语文阅读教学背离了阅读提高学生语文素养、培养学生人文精神、让学生体验阅读快乐的目的。教师花费大量的时间教阅读，学生花费大量的时间阅读，结果是很多学生不愿意读书，不知道读什么书，更不知道如何读书。因此，如何让学生喜欢读书、指导学生该在哪个阶段读什么书、如何高效读书、如何让学生在阅读中感受到阅读的快乐等现实的问题摆在了全校教师面前。我校教师进行了多轮尝试，最终确定了我校主题阅读的内容、方式，现在已经搭建起语文主题阅读的整体框架。

我们从最初完成课标要求的阅读量，到后来建立"美文网"、开展的"名著导读""激情悦读""每天背诵一段美文"等活动，让学生在阅读交流中逐步感受阅读的快乐。

我校曾参与省级课题"经典阅读与写作"的实践研究，教师们通过课堂教学，深入研究经典语篇的精读方式，将经典语篇与写作相结合。这样的尝试让我们的阅读又提高了一个层次，老师们慢慢有了"采得百花酿出蜜"的感觉。

学校建构了"激励·日新"文化体系，"八项行动"的具体实施均指向教

躬耕笃行　潜心育人

师和学生的发展，指向"求真、乐善、尚美"的校训追求的教育教学境界。我们学校把学生阅读的主题确定为"美"。因此，美的人、美的事、美的物、美的景都成了学生们阅读的内容。

二、主题阅读实践的理论依据

1. 建构主义理论告诉我们，教学过程应关注学生已有的生活经验和知识背景，关注学生的实践活动和直接经验，关注内容的革新和探究式教学的应用，关注学生的自主探索和合作交流能力，关注学生的学科情感和情绪体验，使学生完全投入丰富多彩、充满活力的学习过程中去。主题阅读可以将已知与未知、课内与课外、校内与校外、文本与生活充分融合，建构起符合学生认知序列的独特的情感、知识体系。

2. 从课程论的角度来说，主题阅读课程超越了传统的学科课程模式，它提出了新的阅读目标——让每个学生都能享受阅读。通过多层面、综合性、探究性阅读方式，实现阅读层次的提升，通过多维度的评价手段，让阅读帮助学生实现美的追求。

3. 站在哲学的高度，以文化主题作为思想统领，对教材及课外文本的有效整合，可以达到"举一纲而万目张，解一卷而众篇明"的教学效果。

4. 于永正老师说过："人要博览群书。如果把读书比作精神大餐，如果把语文课本比作这道大餐中的'母乳'，那么，主题阅读书则是最贴近'母乳'的'婴儿乳粉'。"主题阅读能够保证孩子们"营养均衡"，健康、快乐成长。

三、主题阅读实践的具体操作

1. 明确学生读什么

《语文课程标准》中对七至九年级阅读提出了明确的要求：能欣赏文学作品，阅读简单的议论文、新闻、说明性文章、科技作品、浅易文言文等。并要求中学生广泛阅读各种类型的读物，课外阅读总量不少于 260 万字，每学年阅读两三部名著。《语文课程标准》还建议教师要重视培养学生广泛的阅读兴趣，扩大阅读面，增加阅读量，提高阅读品位。提倡少做题，多读书，好读书，读好书，读整本的书。关注学生通过多种媒介的阅读，鼓励学生自主选择优秀的阅读材料。加强对课外阅读的指导，开展各种课外阅读活动，创造展示与交流的机会，营造人人爱读书的良好氛围。

基于课程标准的要求，结合中学生阅读的特点，我校围绕着"课标中推荐的经典名著、教材中出现的著名作家作品、与教材话题相关的美文"这个主题，引导学生走进教材文本，获得启迪。同时我们还向学生推荐阅读教材中的名家如陶渊明、朱自清、鲁迅、余秋雨、高尔基等的其他名作，比如《归去来兮辞》《荷塘月色》《狂人日记》《文化苦旅》《母亲》等。此外，我们还结合"美"的阅读主题，向学生推荐"美的人"老舍《我的母亲》、冰心《纸船》；"美的事"鲁迅《故乡》、林海音《城南旧事》；"美的景"余光中《听听那冷雨》、郁达夫《故都的秋》；"美的物"何其芳《迟暮的花》等，并且推荐的美文都可以在学校的美文网上阅读，扩展学生阅读范围，以适应不同层次学生的阅读需求。

2. 构建精品主题阅读课堂

精品课堂需要精品设计。新课标强调"教"服务于"学"，学校要求语文教师备课时，切实地从学生学习的角度出发，开展"主题式阅读"，力求把每一节课都上成精品。

从一本教科书到两本教材。开展"主题阅读"以来，教师开学第一课便带领学生们翻看着手中的教材和《新阅读》两个读本，了解本学期的若干单元主题，做好阅读两本教材中的二十多篇主题性强、人文性美、体裁不一的文章的计划，这样学生的阅读文本相对集中，紧紧围绕着一个单元主题将阅读深入下去，而一个主题就是一种思想，一个主题就是一种情感，这样的主题阅读给学生心灵带来极大的震撼，学生在一个主题下的心灵旅行也十分快乐。

从散敲碎打到整体施教。主题阅读不再是一课一课地教，而是一个单元一个单元地教；课堂教学不再是烦琐讲解、不停发问，而是把宝贵的时间用在"引领阅读方法，分享阅读体会"的刀刃上。教师围绕教学目标，充分研读教科书和《新阅读》中对应单元的每一篇文本，大胆地重组教材，设计本单元的整体教学：在本单元的最后一节主题阅读分享课上，学生们进行单元阅读分享，他们或情感诵读，或抒情达意，或欣赏评论，或联想品味，感悟分享的快乐。

从分析讲解到以读带讲。目标决定方法，要实现"提速语文课堂，提升阅读质量"的主题阅读目标，就必须对常规的"分析讲解"教学法进行改革。"以读带讲"是单元主题教学的主要方法。每一个单元，教师以一个主题式问题引领学生的阅读，着重教给学生一种读书方法，学生凭借这种方法，透过文字，由表及里，走进人物内心，个性化地解读文本。

从随意阅读到批注式阅读。一个单元的主题阅读，重点训练一种批注法。教师运用示范、检查、评比等多种方式调动学生批注式阅读的积极性。批注式阅读后，教师给学生足够的分享交流时间，让他们把自己对文本的理解和老师、同学进行分享，汇报收获、质疑请教、交流情感、碰撞思想，充分地享受批注阅读的乐趣和成功后的喜悦。

课前活动与阅读课相结合。每节语文课前，进行 5 分钟"课前活动"，内容为名著欣赏、美文积累。每一天、每节课进行的潜移默化的熏陶，使学生享受文学的魅力，享受课堂的幸福。学校每周为学生开设一节阅读课，由任课教师带领学生到图书馆进行阅读，学生自主阅读，教师适时指导。师生平等对话，共同分享阅读体验。

3. 营造"美"的主题阅读氛围

设立"名著导读"长廊。由语文教师整理推荐中外经典名著，撰写导读语，指导学生有效阅读，内容根据教材话题定期更换。在走廊、教室内设立图书角，推荐适合中学生阅读的杂志和刊物，《读者》《中学生阅读》《读写天地》《散文》《杂文选刊》等都会定期出现在书架上。

创建美文网、美文博客。这是我校的特色网站，它由语文组主办，其中设置了很多栏目，有"电子书库""美文欣赏""文坛天下""写作天地""文学院""阅读偶拾""考场练兵""欢乐你我谈"等专栏，带领学生漫步文苑，采撷心香。语文老师通过经典美文推荐、名家名作、名著导读，引导学生阅读、感悟、鉴赏交流、积累提高。学生通过佳作展示，互相借鉴学习，从而提高文学素养，师生在互动交流中共同成长。

4.开展丰富多彩"美"的主题阅读活动

"激情悦读"培养学生有声诵读的习惯。"要快乐地成长,要满怀激情地阅读"一直是学校所倡导的。每天早晨,教室里都传出激情洋溢的诵读声。各班的诵读方式各异,或坐或立,或拍手,或比赛,这不仅调动了学生们朗读、吟诵的积极性,也为一天的学习开了好头。

"三刊"建设,积淀学生文化底蕴。"三刊"即我校的"班刊、级刊、校刊",班刊、校刊中有专门的栏目展示学生的原创佳作,学生在这个平台上充分表达国学感悟、诗歌创作、小说佳作、散文随笔等,每一篇都是学生主题阅读的厚重积淀。大量而广泛的阅读让学生的思想感情得到升华、文学素养不断提高。特别是校刊编辑部的成员以学生为主,在采访、写作、审稿、编辑的过程中进一步锻炼了能力,提高了水平。级刊是年级的特色刊物,将每一次主题作文中的佳作展示出来,让学生在阅读、赏析、评价、仿写的过程中,积累语言、学习写法、开阔思路,提高了语言表达能力,使得我校作文水平在全区名列前茅。

"双我"活动,提供交流展示平台。"我阅读,我收获"阅读交流活动,已成为我校校园文化中独具文学味道的一道风景。结合每次名著阅读的主题,学生饱览文学名著精粹。通过读书报告会、朗读比赛、演讲比赛、课本剧表演、名著手抄报比赛等学生喜爱的活动,带动学生走进优秀的文学作品中,与作者、人物产生思想的共鸣,获得有益的启示,完善自己的人格。在这些活动中学生交流阅读的体会、收获,展示自己的才华。

5.将"美"的主题阅读纳入校本课程体系

语文教师开发与"美"的主题阅读相关的校本课程。"课本剧编写与表演""古诗词赏析""诗歌诵读"都成为我校的经典校本课,学生在校本课学习、展示中收获了读的快乐、诵的韵律、演的激情。

四、主题阅读实践的收获

通过开展主题阅读实践,我们收获的是学生、教师共同享受的阅读快乐,是教师团队的成长,是学校语文教学整体框架建构的成功。

躬耕笃行　潜心育人

第一，主题阅读真正实现了课外阅读与课内教学相结合。教师根据课内所学的经典篇章、著名作者，找到与他们相关的背景，与教材话题相关的中外名篇，通过美文网，推荐给学生阅读、比较、思考，让他们在阅读时，徜徉于古今中外文化之中，感受阅读的快乐，收获人生的智慧。

第二，主题阅读促进了学生写作水平的逐步提高。学生在阅读中思想深刻了，情感细腻了，语言丰富了。在主题阅读中，一个个主题打开了学生们心灵的一扇扇窗户，架起了通向生活的一道道桥梁，激发了写作的灵感，丰富了写作的素材，拓展了写作的空间，提升了写作的水平。主题单元作文，由读到写，水到渠成。"写什么""用什么写""怎样写"的几个作文难题渐渐被解决了，孩子们仿写、续写、自由创作，写读后感、写诗歌、写随笔……想写就写，想怎样写就怎样写，写出了篇篇精彩的美文。那些发表在班刊、级刊、校刊上，美文网上，美文博客中，报纸上，杂志上的文章，在作文大赛中获得国家、省市级奖项的作品，让学生体悟到阅读的收获、成功的喜悦。

第三，主题阅读促进了语文课堂教学方式的改变，拓展了语文课堂的外延和内涵。教师有了大量的阅读和感悟，在课堂教学中对学生的指导更加深入，针对课堂的设计会有更加智慧的处理方法。慢慢形成了独具特色的"美的人""美的事""美的景""美的物"的课堂教学模式。

第四，主题阅读提高了教师的专业素质，促进了教师的专业发展。通过"美"的主题阅读课题研究和实践，语文教师的理论素养和学科教学能力提高了，涌现出了省级骨干、市区级骨干、学科名师等一批优秀教师，语文组也评为市优秀教研组，还被推选为"三育人"先进集体。

阅读是一个长时间持续的过程，其过程可能持续好多年甚至终生。就是在这样一点点积累的过程中，教师与学生的文化修养也在一点点提升。"厚积薄发，博观约取"，从阅读到"悦"读到"越"读，主题阅读倡导的是"随风潜入夜，润物细无声"的无痕教育。通过"美"的主题阅读，培养学生感受美、表现美、鉴赏美、创造美的能力；通过主题阅读，陶冶情操，发展个性，启迪智慧，激发创新意识和创造能力，促进学生全面发展。

（本文为在辽宁省骨干校长培训班上做的经验介绍）

浸润儒雅文化　享受激励教育

21世纪的学校教育，是学生全面发展的教育。在全面发展的教育中，美育占有重要地位。美育可以使学生具有美的理想、美的情操、美的品格、美的素养，具有欣赏美和创造美的能力。引导学生热爱美、欣赏美和创造美的教育过程，就是一个学校全面发展、全方位创新的过程。

我校以"求真·乐善·尚美"为校训，以"博学、笃行"为核心，以"双我系列活动"为载体，建构校园文化，形成了"以格调高雅的校园环境熏陶人，以丰富多彩的校园活动教育人，以规范科学的校园制度管理人，以独树一帜的特色文化发展人"的校园文化体系。我校在校园文化建设的过程中，以唤起美感的方式让学生热爱美，以参与活动的形式让学生创造美，实现了以美育人、以情动人的教育理想。

一、精神文化建设，引领美的导向

我校把"激励·日新"作为学校精神文化，确立了"做小事，成大事""日日新，又日新"的办学理念。全校师生在学校工作的方方面面，以此为行动准则和追求目标，人人力争"每天进步一点点，每天创新一点点"。

开学典礼上的授级旗仪式，是我校传承年级精神的经典仪式。每次开学典礼，校长把各年级级旗依次授予各年级主任，各年级主任依次引领各年级学生学习或重温年级誓词，使每个学生明确自己的奋斗目标与理想。这种仪式，使三个年级的学生认同本年级的精神——"勤""恒""搏"的同时受到校园文化的熏陶。学校的这种经典仪式促使每一个学生时时感受到自己的责任，每每激励他们去努力奋进。

风格迥异的班牌是展现我校精神文化的缩微展台。我校每个班级都根据本

躬耕笃行　潜心育人

班的特点拟定了班名、设计了班徽，并制作了含有班名、班徽的各具特色的班牌。班名的拟定、班徽的设计，是班级精神的诠释，是学生群策群力的结果。在设计、制作过程中，学生为班级建设而努力、为班级荣誉而奋斗，逐渐爱上美，也学会了欣赏美，并真正地创造了美。

二、环境文化熏陶，创造美的氛围

学校的物质基础是对学生精神世界施加影响的手段。校园环境能起到无声育人的效果。我校的环境文化建设力求"处处有美感，时时能教育"，使学校成为学习知识的乐园、欣赏艺术的雅园。

"开放、多元"的主题文化，为我校营造出儒雅的文化氛围。分布于五个楼层的珍爱生命、名画赏析、走近名校、经典导读、现代科技等主题走廊，记录学校荣誉的校史室、弘扬"勤、恒、搏"精神的年级文化、彰显学科风采的教研组文化……教师、学生亲自设计的这些主题文化展板，使学生在校园内每一个地方都能够"浸润于儒雅文化之中，享受到激励教育之美"。

"张扬个性、激励成长"的班级文化墙，把校园文化渗透到全校的每一个班级中。班级文化墙由各个班级的学生自主设计，包含班风、班训、班级文化理念、班级荣誉、班级活动等内容。"新学期·新气象"的开学箴言、学农生活的美好回忆、师生同乐的张张笑脸……每一轮展示，都激励学生热爱学习，热爱生活。班级文化墙，激励学生在美的环境中热爱美、欣赏美、创造美。

三、行为文化规范，培养美的言行

学校的审美教育，是按照美的标准培养学生的情感教育。而这种情感教育必须在日常行为规范中落实。我校依据"没有常规不稳，没有特色不活"的理念，开展激励教育，对全校师生进行星级管理，使我校形成了团结向上、合力共进的教育教学新局面。

争做"三十七中学之星"的活动，使学生养成了文明规范的行为习惯。我校学生通过"美德修行本"进行自我管理。通过班内评选、学校表彰的过程，扩大"星级学生"的影响。星级管理使学生能够在早晨到校后自觉进行"四个一"活动，即"默写一段课文、背诵一组单词、改正一道错题、预习一门功课"的学习方针，逐渐养成了良好的学习习惯。星级管理还激励了星级小组、星级班级的评比，使我校学习风气更加浓厚，"激励·日新"精神逐步形成。

"星级教师""星级教研组"的评比，促使我校教育、教学硕果累累。为了让学生感受教师的美，为了让教师感受同事的美，我们在全校开展了一系列评比活动。由全体学生无记名投票选出"仁爱之师""睿智之师"等星级老师，由学校根据各项指标量化考核评选出"星级教研组"，使其成为全校师生的榜样。他们的传、帮、带，使我校教师教学水平日渐提高，使我校的教育教学工作蒸蒸日上。

四、特色文化创设，展现美的风采

校园艺术活动对学生的影响是最直接的，艺术把符合规律的美呈现在学生面前，用形式的吸引力、情意的感染力、思想的震撼力来陶冶学生的性情、净化学生的心灵。我校特色文化的创设，让学生有了创造美的机会，找到了展示美的舞台。

系列性"双我"活动，促进了我校特色文化的创设。展示读书成果的"我阅读·我收获"班级间的辩论会，激励学生展示才艺的"我自信·我表演"艺术节系列展示活动，增强班级活力的"我参与·我创新""班班有歌声汇报演出"，强健学生体魄的"我锻炼·我成长"全员韵律操学习，引导校园风尚的"我助人·我快乐""我身边的雷锋"评比，"我吟诵·我愉悦"的激情悦读，"我研究·我体验"的国际节日展示等活动，使"美"真正走进了校园生活，给学生提供了创造美、展示美的无限空间。

艺、体团队建设，让学生在特色活动中展示美。我校蓝天合唱团获第六届世界合唱比赛三等奖，和平鸽舞蹈团受邀参加 2012 年全国"校园时代"才艺大型春晚展演；启航器乐队也多次获各级表演奖并经常在校内外开展艺术活动。学生在参与这些活动的过程中，通过旋律、节奏、动作等各种艺术形式创

躬耕笃行　潜心育人

造了美，展示了美。我校羽毛球队、足球队多次获大连市级比赛男女团体第一名。我们的校园文化建设，在培养学生的同时，让学生们走出班级，走出学校，乃至于走出中国，向世界展现了他们美的风采！

当然，校园文化建设是一个长期的过程，但我们坚信，只要遵循生命教育观，坚守育人目标，让校园文化成为引领学校发展的强动力，真正做到让每一个学生都浸润于儒雅文化，享受到激励教育，就能实现"每天进步一点点，每天创新一点点"的美好愿景。

（本文为在全国美育现场会上做的交流）

开展国际理解教育，培养现代中学生

随着 21 世纪全球化时代的到来，教育国际化日益成为教育改革和发展的热点话题，国际理解教育也越来越受到世界各国的广泛重视。《国家中长期教育改革和发展规划纲要（2010—2020 年）》明确指出要提高我国教育国际化水平，适应国家经济社会对外开放的要求，培养大批具有国际视野、通晓国际规则、能够参与国际事务和国际竞争的国际化人才。

几年来，我校对在教育国际化背景下的国际理解教育进行了一些探索和实践，走出了一条独具特色的国际化办学之路。

一、立教育国际化观念，确立国际理解教育培养目标

国际理解教育是指在国际社会组织的倡导下，以"国际理解"为教育理念而开展的教育活动。其目的是培养青少年在对本民族主体文化认同的基础上，尊重、了解其他国家、民族、地区文化的基本精神及风俗习惯，学习、掌握与其他国家、民族、地区人民平等交往、和睦相处的修养与技能，探讨全人类共同价值观念，增进不同宗教信仰和文化背景的民族、国家、地区的人民之间的相互理解与宽容，"将事实上的相互依赖转变成为有意识的团结互助"。

基于此，我校确定了国际理解教育的目标：

1. 培养学生深刻领悟本国文化、继承中国文化传统和发扬爱国主义精神的同时，具有国际观念、国际意识。

2. 培养学生具有一定的国际知识，了解外国的历史、政治、地理、风土人情等。

3. 培养学生与异国文化沟通的语言能力、表达能力，知晓国际性礼节，能与外国人和谐相处。

躬耕笃行　潜心育人

经过借鉴与实践，我校的国际理解教育主要有以下内容：

1. 知识领域，包括和平、人权、发展、环境、国际理解和不同文化理解、对国际机构的了解；

2. 态度领域，包括自我尊重、对他人的尊重、对生态环境的责任意识、对正义和平的责任意识、开放的心态、同情的态度、共同体意识等；

3. 技能领域，包括批判性思维能力、解决问题的能力、合作能力、想象能力、自我主张能力、解决矛盾的能力、参与意识、沟通交往能力。

二、加强校园环境建设，营造国际化校园氛围

校园是学生们学习、生活的场所，同时也是他们陶冶情操、增长见识、提高素养的摇篮，为了使他们将来能更好地适应国际化的生存环境，学校还为学生们创造了国际化的校园环境。

在校园设计上，校园的各建筑物上都有醒目的中、英、日文标志；学校的各种宣传栏、橱窗中的文章都是用多国文字书写的。在教学楼 2~4 层走廊开辟了丰富多彩、各具特色的国际文化长廊，2 层赏析世界名画，提升审美能力，踏入艺术长廊；3 层走进世界名校，了解办学特色，学习海外教育文化；4 层阅读名著导读，与人文经典对话，了解外国文化；并在教学楼不同楼层分别展示师生出国访学足迹，国际节日嘉年华、世界名校之旅研究性学习活动的成果。路过走廊的时候，无论是学生还是教师，都能够穿越时空和大师亲近，在字里行间和大师交流，能够在不经意间得到熏陶，不知不觉中学到文化知识，在优良的国际化氛围中成长进步。同时，学校借助"双外语"特色教育的优势，打造校园文化软环境建设，成立特色教师工作室（尚光子日语工作室），加强外语教育、在工作室中融入国际与全球视野、鼓励师生对外交流学习、利用学校里的资源充实本校师生的国际化教育经历。

三、建设一支拥有国际理解素质的教师队伍

《国家中长期教育改革和发展规划纲要（2010—2020 年）》明确提出，要"培养大批具有国际视野、通晓国际规则、能够参与国际事务与国际竞争的

国际化人才"。要达到上述目标，教师必须具有开阔的国际视野和宽广的国际胸襟。多年来，学校着力培养一支具有国际文化素养的教师队伍。

1. 优秀教师参加境内外培训，培养国际理解教育的领路人

多年来，学校有计划地派出优秀教师参加境外培训，英语教师到英国、澳大利亚，日语教师到日本，校长到新加坡等国家接受语言、外国文化和学校管理方面的专项培训，增强了教师的全球意识，拓宽了国际视野，帮助教师树立了先进的教育理念。同时学校还选派优秀教师参加"国培计划"，参加新东方的语言和跨文化交际能力培训，这些都大大促进了教师的国际化能力的提高。这些参加境内外培训的领导和老师不仅自己的能力提高了，还带回了国内外关于国际理解教育的先进理念和经验。在"反哺式"培训及课程建设过程中，他们逐步成为学校国际理解教育的领路人。

2. 同伴互助式校本培训，提升教师国际化能力

打造一支拥有国际理解素质的教师队伍，要求全体教师都具有国际视野，能理解、尊重他国文化。开展同伴式互助培训，能够尽快提高教师群体素质。我校开展由参加境内外培训的教师对其他教师进行的"反哺式"培训，提高全体教师对国际理解的认知；由社会学科教师对全体教师进行外国文化、历史、政治等方面的通识培训，提高全体教师的国际知识素养；请在国际理解教育方面做得优秀的教师进行经验分享，帮助全体教师提高实践操作能力。

3. 多元教师队伍为国际理解教育注入活力和生机

开展国际理解教育，施教教师可以是多元的。常规课之外的智力资源更能为学校的国际理解教育注入活力和生机。外教是离我们最近的教育资源，发挥他们在英、日语口语课上的教师功能，同时发挥他们在学校主题活动中的指导和评价功能，还发挥他们在教师培训方面的辐射功能，既增进了师生对国际理解教育的了解，又培养了"共存"意识，实现了"共生"的体验。家长中的有利于国际理解教育的资源也是我们多元施教的一个重要方面。我们请有多年海外生活经历的家长为学生开展国际理解教育方面的讲座，通过实际经历，对学生进行国际理解教育。来我校参观的国际友人，我们请他们进入我们的课堂，与我们的老师共同完成授课，让学生在比较中理解不同文化、不同语言、不同

躬耕笃行　潜心育人

思想观念的差别。

4. 特色教师工作室的建立，为国际理解教育开设一扇窗

我校为特色教师建立工作室，表彰他们在特色建设方面的成就，同时，工作室还是他们展示国际理解教育的平台，也是激励其他教师的手段。

四、构建课程体系，夯实国际理解教育基石

国际理解教育课程的开发和实施是开展国际理解教育实践的一个重要途径。我校除了在学科教学中渗透国际理解教育理念，更重视基于国际理解教育的校本课程开发和主题活动课程的设计、实施。与学科渗透式的国际理解教育教学相比，基于国际理解教育的校本课程和主题活动课程更直接作用于国际理解教育。

1. 发掘国家课程中的国际理解教育因素，有针对性地渗透国际理解理念。根据社会科学、自然科学、艺术、体育等学科特征，开展不同形式、不同内容的国际理解渗透活动。我校开设英语、日语双外语教学，学生在校期间至少有一年时间同时学习两门外语，其余两年选择学习英语或日语。通过日语的学习，可以更好地了解日本文化；通过英语的学习，可以了解说英语国家的相关人文地理、风土人情，掌握语言知识，提高表达能力，增强国际理解力。

2. 发挥地方课程作用，深化国际理解教育。学校充分利用"国际理解教育"地方课程教材，每学期安排专门的课时，由专门教师对学生进行国际理解教育。

3. 实施校本课程，促进国际理解教育向内涵发展。校本课程作为最能够体现学校教育内涵、发挥教师特长、满足学生需求的一种教育途径，成为我校开展国际理解教育的有利抓手。近年来，我校在不断的探索实践之后，现已经开设了《世界文化之旅》《国际形势》《西方节日知多少》《影视动画配音》《日语音配画制作》《日本文化体验》《走近外国文学作品》《英语歌曲模唱》等三大类十二门课程。通过校本课程的实施，学生加深了对本民族文化的理解，尊重、理解异族文化，了解人权与和平的相关内容，提高了外语水平和用外语表达的能力；小组合作的学习方式提高了沟通、合作的能力。

4. 开展丰富多彩的活动类课程，为学生搭建展示国际理解知识和才能的舞

台。由最初的一次主题活动，到现在已经形成系列的主题活动类课程，我们经历了学习、实践、总结提升、再实践，形成了系列化主题活动课程。现在，"国际节日嘉年华""世界名校之旅"已经成为我校的金牌活动课程，参与面广，活动效果好，影响力大。不仅拓宽了学生的知识面，提高了学生的各方面能力，还为学生的终身发展树立了高远的目标。

5. 充分发挥英、日语外教口语课的功能，对学生进行国际理解教育。来自不同地域、不同国家的外教本人，就是很好的教育资源，他们的思想认识、他们的生活背景、他们的行为表现、他们的施教策略都是学生进行国际理解的很好媒介。我们学校还经常邀请外教参与到学校的主题活动中作为评委，作为点评嘉宾，作为表演嘉宾，作为指导者，他们很好地发挥了多元施教的功能。

五、丰富活动载体，展示国际理解教育成果

学校通过开展丰富多彩的校园活动，遴选参加国际、国内各级各类大赛，拓展学生的多元文化体验。国际理解教育视野下的校园文化活动，始终体现"铸民族魂，做世界人"的目标，形成围绕德育目标设计的校园活动体系，学校通过网络、校刊、宣传栏、国旗下讲话、主题班会、社团活动等形式，多渠道宣传介绍国际理解教育基本常识。通过举办每年一届的国际节日嘉年华和世界名校之旅研究性学习展示活动、每学期举办一次的大连三十七中学"日新杯"假期活动汇报会，学生们尽情享受着多元文化交融在校园里的碰撞、融合，汲取着多元文化的养分，形成了大气、和合的文化氛围；学校还带领学生走进社区为群众介绍外国文化传统，并用文化的力量来宣传国际理念。同时，学校积极参与国际文化交流，并取得诸多成绩，如学校蓝天合唱团参加第六届世界合唱比赛获铜奖；焦晓军老师参加土耳其国际版画展并获奖；多次参加大连市日语教学成果展示会获多个一、二等奖；在举办的24届大连市佳能杯日语演讲比赛中共获8个金奖、5个银奖、3个铜奖，是大连市获此项比赛奖项最多的学校。丰富的活动载体让学生们了解和学习了多元文化，也对不同民族文化有了自己的想法和看法，开阔了自己的视野，培养了相互理解、相互尊重、相互包容的"世界公民品质"。

躬耕笃行　潜心育人

六、开展国际交流合作，拓宽师生国际视野

教育国际化离不开交流与合作，交流合作是一个双向的过程，我们在积极借鉴别国文化的同时，也要将自身文化的精华加以展现，传播出去。这使得交流的同时也促进了其他文化对我们的了解，从而推动理解的双向开展。

学校于 1997 年与日本伊万里市启程中学结为友好学校，于 2008 年与英国北林肯郡费郡·高夫学校结为友好学校，接待并出访日本、美国、新加坡、英国、德国、俄罗斯、芬兰、土耳其等国家及我国台湾、香港地区的学校，加强了国际校际交往。学校通过开展师生互访互学友好学校的交流和游学活动，扩大直接国际交流面，让更多学生体会世界各国的诸多差异，增强世界公民意识，加深对多国社会、文化的了解，更加深刻地理解"只有民族的才是世界的"这一道理，使他们今后成为思维活跃、个性鲜明、创新尚美、志向高远，具备参与国际竞争与合作能力的高素质国际型人才。

实践证明：开展国际理解教育可以帮助学生具备在"地球村"发展合作关系的意识，从而培养他们作为中国人的博大胸怀、作为"地球市民"的宽广视野、作为现代人的深层洞察力，为他们未来在国际舞台上进行交流、合作与竞争奠定基础。

（本文为学校被评为大连市特色目录学校的经验总结）

创双外语特色　实现全人教育

大连市第三十七中学创建于 1962 年，历经半个世纪的积淀，现已发展成为一所闻名遐迩的双外语学校。我校树立"激励·日新"的教育品牌，以"做小事，成大事""日日新，又日新"为办学理念，坚定不移地贯彻"现代化、信息化、最优化、小班化、个性化"的教育思想，创设了"每天进步一点点，每天创新一点点"的学校文化精神。

我校同时开设英语和日语两门外语学科。学生在入学后可同时学习两门外语，经过一年的学习体验，从初二年级开始，可以根据自己的爱好和实际情况，选学英语或日语。在三十七中学习的三年时间里，学生学习英、日语的同时，还会受到很多英语和日语文化的熏陶。

全人教育是以儿童为核心，以学校为主导，家庭共同参与实施的整体的、系统的教育，该教育面向全体儿童，通过课程建设、师资培训、课堂教学、综合实践活动、家长学校合作等途径，致力于儿童的心智与体魄的全面发展、和谐发展、持续发展。多年来，经过几代人的共同努力，我校双外语教学特色、全人教育理想正在逐步实现。

我们的激励理念就是通过满足人的需要，激发人的主观能动性，挖掘人的内在潜能。需要是激励赖以发生作用的心理机制和基础，我们从学生的需要出发，根据中学生的心理特点、生活经验、知识水平等方面的要求选择适宜激励中学生的方法，提高教育教学效果。我们树立了"激励·日新"的教育品牌。"激励"，就是激发、鼓励。激发全校师生工作、学习的积极性、主动性和创造精神；鼓励师生面对自我，认识自我，超越自我。"日新"，是我校师生共同的追求，即学生、教师和学校的日新月异，不断进取。每天都有新变化，每天都有新进步。

躬耕笃行　潜心育人

以情感激励给予学生信任，为每一个学生创造成功的机会，让他们感受成功；以期望激励给予学生自信，善于发现每个人的禀赋、兴趣、爱好和特长，为每一个学生提供可以感受到的积极期待信息，提高他们的学习能力；以榜样激励给予学生目标，让学生身边的每一位"可信""可亲""可学"的人都能够成为榜样，满足个人成长的需要。

在这种办学理念的指引下，学校所有教育教学活动的开展，都是通过活动来激励每一个、优化每一个，逐步实现全人教育的理想。

一、优良师资，激励每一个

影响中学外语教学的因素很多，其中师资队伍的素质是决定性的关键因素。教师专业化是当今教师职业发展的重要趋势，其内涵是教师专业发展，即教师自身在思想道德、专业知识、技能和专业能力等方面持续不断努力和提高。在教师专业化发展方面，我校着力进行了以下几方面的实践。

加强外语教师队伍的整体建设，保证外语特色教育的连贯性。我校外语组现有教师 20 人，其中英语教师 16 人、日语教师 4 人，平均年龄在 38 岁，其中骨干教师占 50%。我们还有一名英语外教、一名日语外教。在学校的人事调整和校际间交流的过程中，学校充分考虑外语师资的整体情况，合理进出。

为外语教师创设进修学习的机会。多年来，在外语组内，有出国进修经验的教师有 6 位，占总数的 33%；所有的英语教师都参加过新东方的英语口语和听力培训、跨文化交际能力的培训。亲自体验外国文化，与外教共同研讨外语教学，使我们的英语教学研究更加深入。

针对不同特征的教师采取不同的激励手段，从多个层次满足教师的需求，针对教师工作采取积极的评价和及时的鼓励，让教师体会高层次的成就感，满足教师更高的发展需求，有效提高教师的积极性。

受到学校激励的外语教师们在每天的教育教学活动中，不断地践行着"激励每一个"的办学理念，激励学生，发展学生。

二、片区联动，优化每一个

中小衔接是现在外语教学的一个突出的问题。虽然我们的课标中明确地规定了每个阶段的外语教学标准，但在实践中却出现了很多问题。初中一开学，学生们的英语水平参差不齐，有的同学远远超过二级标准的要求，有的同学却连26个字母都不能准确地朗读和书写。如何解决这一问题呢？我们组织了"片区联动教英语"教研活动，就是中学主动与自己小升初对口的两所小学联手，共同进行教研，了解彼此的英语教育教学现状，认真研读课标，详细分解目标，明确中小学应该达到的标准，在教育教学实践中，帮助学生实现阶段目标。针对进入初中以来，有许多孩子英语书写不够规范的情况，我们请小学教师在日常教学中加强对学生书写的训练和指导；针对学生进入初中以后发音不够规范的情况，我们请小学教师根据实际情况，重视音标教学，规范学生的发音。同时我们还牵头组织对口小学的书写比赛和口语测试，目的是让老师和学生都明确：自己付出的努力，有了很好的收获。从而实现了进入初中的每一个学生都比以前更优秀的目标。

三、精品课堂，智慧每一个

苏霍姆林斯基说："课堂是点燃求知欲和道德信念火把的第一颗火星。"也有人说，课堂是实施素质教育，实现教育目标的主阵地，也是师生交往互动、共同发展、一同成长的重要场所。我们的外语课堂上，除了教会学生知识，培养学生能力外，更注重对学生学习动机和积极主动的学习态度的培养。我们设计了外语课堂学生自我评价、自我修正表，包括学习兴趣、学习态度、学习习惯、学习方法、学习效果五个维度。实践证明：在英语课堂教学中，教师教会学生自我评价与修正，让学生在学习过程中体验到成功的快乐，树立了自信心；教师以积极热情的态度，以鼓励表扬为主的方式帮助学生自我评价与自我修正，让学生以积极的态度对自己的课堂学习及时进行自我评价，并不断调整自己的学习态度、方法及习惯，学会分析自己的进步与不足，不断进行改进，明确今后努力的方向，这些都有利于为学生的终身学习打下基础。

躬耕笃行　潜心育人

在我们的英语课堂上，学生们享受英语学习过程的快乐，改进了学习方法和学习习惯，提高了学习能力与学习效率，并在互动思考中树立了自信心，表达能力与参与意识进一步提升，享受到了成功的喜悦，开拓了创新思维，同时也增强了团队协作的意识，发展了个性，具备了健全的人格，从而为自我发展、可持续发展和终身学习打下良好的基础。同时也实现了学校课堂教学中"智慧每一个"的目标。

四、特色校本课，发展每一个

全人教育鼓励跨学科的互动与知识的整合。爱因斯坦曾说过："用专业知识教育人是不够的，因专业教育可以使人成为一个有用的机器，但不能成为一个和谐发展的人。"全人教育强调学科间的整合学习，并清楚没有任何一种科目、议题或因素可单独解决当今世界发展的相关问题。只有通过学科之间的互动、影响和渗透，超越学科间的各种限制，才能开拓新知识的学习与研究问题的视野，真正将世界还原为一个整体。因此，我们鼓励不同学科的教师发挥自己的专长，开设与外语教育教学相关的校本课。外语配音课、外文歌曲欣赏课、外国电影赏析课、外语课本剧表演课、外国文化研究课的开设，让学生们从不同渠道，以不同形式接触、学习和使用外语。不同兴趣爱好的学生找到了拓宽自己知识视野的渠道，思维有了沟通和交流的空间，因而得到更好的发展，外语学习能力得到更大幅度的提高。在学期末的校本课成果汇报展示中，学生们惟妙惟肖的《狮子王》配音、《You and me》的精彩演唱、《三个和尚》的课本剧表演，让观众仿佛置身外国文化展演盛会。校本课的学习和展示，发展了每一个学有所长的学生的能力，同时也为他们搭建了展示的平台，他们的展演得到肯定，更是对他们的特殊的激励。

五、品牌外语活动，展示每一个

我校在校园活动中非常注重国际理解教育。"激励·日新"文化体系中，专门设计了国际节日文化教育活动。学生以班级为单位在班主任和外语教师的带领下，开展国际节日校本课程研究性学习，通过查阅资料，外国友人专访，梳理、概括所收集的资料，形成本班级全体同学对某一个国家节日理解的文本资料。学校设立了"国际节日嘉年华"，同学们经过精心的准备，通过大屏幕展示本班研究性学习的结果；通过节日海报展示本班对国际节日的理解；通过自己设计的服装和道具展示自己的创新能力；通过模拟的节日现场，体验不同国家、不同民族的节日风情，在研究、了解、理解、尊重的基础上，实现了国际理解教育。现在"国际节日嘉年华"已经成为我校的一个品牌，成为每个同学展示才华的舞台，成为班级精神展示的机会，成为学校品牌发展的重要组成部分。

在正确办学理念的指引下，在优秀的教师团队的呵护下，我们学校的学生浸润在英日双外语的环境中，时时处处享受激励教育。他们在学校的品牌外语活动中，在课堂学习中，在对外交流活动中，在与英国、德国、新加坡、日本的各项文化交流活动中，充分展示了对外国文化的理解和尊重，展示了运用外语交流的能力。在各级各类外语大赛中，我校的学生取得了优良的成绩。在大连市"佳能杯"日语演讲比赛中，我们夺得五连冠的好成绩；在大连市"枫叶杯"英语演讲比赛中，我们多次夺得奖牌；在大连市外语展示会上，我们的节目多次被评为最佳；在接待来访的国外参观团的活动中，学生们用外语介绍学校文化，介绍学生活动，在外国学生、教师参与的课堂活动中，学生们用外语交际的能力得到了充分的展示。

全人教育培养的是具有整合思维的地球公民。我们有理由相信，在我们的"激励·日新"的正确理念指引下，在优秀的教师团队孜孜不倦的教诲下，我们能够培养出学业优秀、人格健全、体格健康、创造力卓越的全面发展人才。

（本文为在外研社暑期外语特色学校交流会上做的交流）

躬耕笃行　潜心育人

书香润泽生命，阅读丰富人生

国务院总理李克强在政府工作报告中指出，要让人民群众享有更多文化发展成果，倡导全民阅读，建设书香社会。这是历史上第二次将全民阅读写入政府工作报告。所谓"登高而招，臂非加长也，而见者远"，站在国家的高度倡导全民阅读，影响力和效果是完全不一样的。

书籍和阅读可以说是人类文明传承的主要载体，把阅读作为一种生活方式，不仅会增加发展的创新力量，而且会增强社会的道德力量。对于基础教育而言，其关键性和长效性更是不言而喻的。一所理想学校有五个内涵因素：课程、课堂、学生、教师、管理。课程建设和课堂改革离不开教师的成长，学生的发展维系于教师的成长，学校的生命力在于教师的成长，五个主题的突破点聚焦于教师发展上。而阅读正是教师发展的不竭源泉，没有阅读带来的"稳定输入"，就不会有持久的"有效输出"。

为深入贯彻落实十八大精神，通过读书活动优化校园文化环境，构建学习型校园，促进素质和谐发展，我校从以下几个方面推进：

第一，做好顶层设计和主题策划。从领导班子内部推至教师层面，多次组织会议，提高认识，讨论全校阅读方案，明确相应的活动要求、实施计划和考核办法。

第二，以"典型"为抓手推动全校阅读工作。以典型活动为载体，以典型人物为示范、以典型场所为切口，引领全校阅读风气。

1. 设立"师生读书日"。在本学期初的全校会议上，我校校长进行了活动总动员，强调了活动对老师、对学生乃至对家庭的深远影响，规定此活动全体师生共同参与，教师每周固定时间来到校图书馆，学生则在本班安静阅读。范围涵盖文学、艺术、历史、科技、教育、名著经典等多方面，每个人都专注地沉浸在书海中汲取营养、丰富心灵，享受阅读的乐趣。

2. 线上、线下齐分享。知校平台是促进我校家校共治的有力阵地，其"蓝色有约"板块则是教师好书推介、读书感悟交流的理想场所。每次读书日活动后，教师都会用简洁的语言在这里分享经典、碰撞思维。除此之外，我校的"职工之家"作为线下交流的领地，每一周都会由不同教研组承担不同的主题策划，通过教育沙龙提升人文素养。

3. 利用寒暑假持续"充电"。每逢寒暑假，教师自主选择 1~2 本好书，提升教育理念，丰富教育策略，提高教学能力，促进专业发展，并认真记录读书心得和精彩片段，在开学后全校范围读书交流。

4. 定期开展读书交流活动。读书，感悟，学习，借鉴。学校向全体教师推荐阅读《给教师的 100 条建议》《优秀是教出来的》《第 52 号教室》等，教师读书感悟的同时，找到可以借鉴的内容，在自己的教育教学中尝试、运用、反思，在此基础上，学校创造机会分享，让教师在分享中提升自己的理论素养，借鉴他人的经验，丰富自己的教育教学手段，促进教师整体素质的提升、学校教育教学水平的提高。

第三，努力探索宣传推广方式。利用知校平台、学校新闻、校园电视台、校园广播站，全方位、多角度、大纵深报道全校阅读活动，营造出良好的书香氛围。家长朋友们可通过知校上的班级板块、班主任寄语更新家庭教育理念，解决困惑，学生也在书香熏陶中每天清晨自觉诵读经典、陶冶情操。

第四，"手拉手"，让阅读成为习惯。教师向学生推荐好书，教师向家长推荐好书，家长向老师推荐好书，家长向家长推荐好书，分享无处不在。书中的精彩也在知校平台上随时分享、交流、讨论。学生、教师齐读书，家长、孩子齐读书，家长、教师共分享，读书让师生之间的距离更近了，读书让家校沟通更顺畅了。教师、学生、家长成了一个"读书圈"，慢慢地，读书成了习惯。

我们每一次活动的开展更像是一个"导火索"、一剂"强心针"，让全体

躬耕笃行 潜心育人

师生更加明确地感受到阅读带来的充实，让更多人体会到阅读的美好。相信在不久的将来，阅读会成为每一个教师如同举手投足一般的自觉自发行为，如同氧气一样的每个人每天的必需品。由此带动学生、带动家长，让读书成为习惯，如同一个饥饿的人扑在面包上。让学校图书馆成为名副其实的精神地标，通过全校阅读的开展将我校建设成一个书香充盈的精神家园！

（本文为在区总工会"职工书屋建设"主题交流会上做的经验介绍）

灵动小组合作学习
促进学生思维发展

合作学习是指学生为了完成共同的任务,有明确的责任分工的互助性学习。由 2~6 名能力各异的学生组成一个小组,以合作和互助的方式从事学习活动,共同完成小组学习目标。我校开展了灵动和谐的小组合作学习实践。

一、为什么开展"灵动小组合作学习"?

一个具有自觉能动性、自主性和独立性的人,是一个对事物有自己独创的思维与见解、敢于发表自己的意见、具有社会交往能力的开放型人才。小组合作学习是培养这类人才的有效途径。因为,小组成员能够在小组内得到充分的思维训练;能够大胆地将自己的见解通过语言表达出来,并在交流中能主动地与别人交往,形成自己的独立见解;能够在合作中进行思维碰撞,强化思维优势,弥补思维劣势。为此,我们在区域科研课题"小班环境中高效学习行动研究"片区科研课题"思维差异与高效学习"中,选择了"灵动小组合作学习,促进学生思维发展"开展研究和实践。目的是通过对灵动小组合作学习的研究来帮助学生提高思维效率,促进学生高效学习。

二、什么是"灵动小组合作学习"?

灵动小组合作学习就是以学生个体的个性化学习为中心,以灵活动态的小组为合作学习形式,以提高学习效率为目标,利用学生个体间的思维差异,通过小组成员间的共同探究、互助合作,谋求小组成员共同发展的高效学习方式。它具有灵活性和动态性的基本特征。

躬耕笃行 潜心育人

"灵活性"是指当学生对某一问题思考与研究有困惑时，对同一问题有不同见解或意见产生分歧时，在教材的重点难点处理解上有难度时，教师不拘泥于一种形式、一种方法，而是运用灵活多变，且富有新意的形式和方法及时为学生注入灵活思维的活力，激发学习兴趣和热情。

　　"动态性"是指在教师与学生，学生与学生合作、对话、碰撞的小组学习中，即时生成的超出教师预设方案的新问题、新情况。它随着教学环境、学习主体、学习方式的变化而变化，根据教师的不同处理而呈现出不同的价值，使小组合作学习呈现出动态变化、生机勃勃的新特点。

三、怎样实施"灵动小组合作学习"？

　　1. 分组灵活，调整组内分工，优化学生的思维能力

　　正因为学生个体思维的差异，为了优势互补，提高合作意识，提高学生思维能力，追求课堂高效，我们在分组原则和责任分工方面做了灵活的改变。

　　根据学生的学习能力、性别、个性特点、思维类型、兴趣爱好等因素，按照"异质同组、同质异组、兴趣分组、自愿组合"的原则进行分组，尽量满足学生的个性需要，有时教师进行适当调整，有时学生自由组合，还可根据学生的学习情况及各学科的不同特点随机调整，保证小组间学生竞争的活力。

　　小组内的分工不强求细致明确，采用自愿担当和角色轮换等灵活机动的方法，鼓励每个成员在小组中多方面展示自己，在合作中"扬长不避短""取长又补短"，优化自己的思维能力，促进各学科素养的提高。同时，小组的成员组成随课型的不同，随学生个性发展的需要，也在灵活变动着。新授课时可以异质分组，复习课时同质分组，讲评课时可以进行一对一的师徒分组或者一对多互助分组等。

　　2. 内容多变，学习方式灵活，发展学生的思维水平

　　灵动小组合作学习更能突出学生的主体地位，培养学生主动参与的意识，激发学生的求知欲。

　　不同学科的教师根据学科特点，对学生合作学习的内容进行多角度的设计。教师可以提出相同的问题，不同的小组通过合作提出不同的解决方案；或者教

师提出不同的问题，不同的小组依据本小组的兴趣和思维特长，通过合作提出一个问题的最佳解决方案；或者教师提出多个问题，学生依据自己的思维特长，独立思考，想出解决问题的办法，在全班进行交流，完成解决问题的方案。为了使课堂小组合作更高效，长期的实践中，我们逐步规范了课堂小组合作的程序：提出问题——选择策略——运用策略——归纳——汇报。这样，随着合作学习内容的多变，小组成员在个人独立思考、领受不同学习任务的同时，为了小组共同目标的达成，既有个人学习，又有组内学习和组间学习。在各项学习方式中，不同思维类型的学生为了更好地完成任务，不断挖掘自己的潜力，提高自己的能力，从而使学生不同类型的思维得到强化和发展。

3. 动态导学，培养合作能力，提升学生思维水平

灵动小组合作学习需要教师为学生创造良好的环境，指导学生分工合作，让学生在小组合作中学会表达与倾听、帮助与求助、求同而存异，促进小组活动的互助与协调。

课堂上，教师是小组合作学习的主导者，当教师发现小组合作学习陷入瓶颈、合作进入无序状态、个别学生完成任务存在困难时，教师会给予及时引导与点拨、评价与激励，让学生间合作更顺畅。在巡视过程中，动态把握学生个体及小组活动的情况，关注个人与个别小组，进行个别化的指导，培养小组合作的能力，提升每个学生的思维水平，实现小组合作灵动，课堂学习高效。

4. 灵活展示，多元评价激励，促进学生思维拓展

小组合作学习的灵动还体现在展示与评价环节。我们鼓励各小组用自己喜欢的方式来展示学习或活动的成果。在展示主体上有所有小组展示、教师指定小组展示、小组指定成员展示等；展示方式有口头展示、板书展示、PPT展示、小白板展示等，不同的展示形式体现了小组的特点与个性，彰显了小组的文化特色，让小组之间的信息交流畅通起来，小组间互相借鉴，取长补短。同时从多角度进行及时客观的自评、他评、师评、校评，既对合作小组集体进行评价又对小组成员个人进行评价，评价中关注学生思维的差异性，恰当运用激励语言，促进学生创造性思维和应用性思维的发展，拓展学生思维的深度与广度。

躬耕笃行　潜心育人

四、效果与收获

三十七中灵动小组合作学习开展以来，学生学习积极性更高涨了，学生对待学习的态度发生了改变，学生的合作意识和思维能力得到了培养与发展，学生在学习中体会到了成功的喜悦，增强了自信心。调查数据显示：有74.7%的学生学习兴趣对比以前更高了；有76.6%的学生对学习的内容更感兴趣了；有73.1%的学生学习主动性增强；有58.8%的学生提高了语言表达能力；有61.2%的学生提高了组织能力；有71.9%的学生提高了团队协作能力……由此表明，灵动小组合作学习促进了学生个性的发展，关注到了每一个学生思维能力的提高。

（本文为在区域小班化建设现场会上做的经验交流）

个性化定制评价
促进学生自我完善与发展

近年来，课程改革明确提出要关注学生的内心世界，促进其个性的解放及多样化的发展，评价者要制定出多元化的评价标准，选取多层次、多样化的评价内容，来适应新时期人才发展多样化的要求，进而发挥教育评价的激励功能和促进作用。自 2020 年起，大连市第七中学依据《大连市综合素质评价表》，结合本校学生实际需求，开展了"我是那颗独特的星"个性化定制评价活动。

一、个性化定制评价的缘起

马斯洛"需求层次理论"认为，人类行为的内部推动力量就是需求。个性化定制评价就是关注学生的需求，注重学生体验成长的过程，引导学生自我实现，享受努力带来的快乐。

每个学生都具有不同于他人的素质和生活环境，都有自己的爱好、长处和不足。学生的差异不仅指考试成绩的差异，还包括生理、心理、兴趣爱好等各方面的不同特点。这使得每一个学生发展的速度和轨迹不同，发展的目标也具有一定的个性化。基于此，我校实施了以大连市综合素质评价量表为基础的、学校所有师生全部参加的、个性化定制评价。我们坚持学生自评、互评和导师评价，定期评价与不定期评价相结合等多种评价方式的多元化学生评价机制。基本实现了评价内容、评价主体的个性化定制。

二、个性化定制评价的目标

学生具有好胜心、求知欲、自尊心和避免失败的想法，个性化定制评价使

躬耕笃行　潜心育人

学生有成功和获得赞许的机会，关注他们的每一点进步和每一次成功，帮助每一个学生成为更好的自己，让每个学生宽容、平和、勇敢、乐观、自信。

三、个性化定制评价的主要举措

1. 评价人的个性化定制

在此评价活动中，学生首先进行自我评价，之后在班级范围内选取自己最信任的人进行小组评价，最后由自己选取的导师进行教师评价。

2. 评价内容的个性化定制

此环节立足于关注每一个学生，促进每一个学生的个性化发展。学生可以请班主任老师对自己所需要的方面给予指导，例如学科解题思路、人际交往技巧等。同时，学生也可以选取自己最喜欢、最信任的科任老师给予自己学习、成长、生活等方面的答疑解惑。

四、个性化定制评价的成效

1. 学生自信力的提升

自此评价活动实施后，学生开始关注自己在同伴、老师心中的形象，特别是当看到伙伴和老师给予自己肯定性的评价时，学生自信的笑容绽放开来。这样的自信促使同学们一点一滴地进步，在进步中一天一天地成长。

2. 教师评价方式的转变

在传统观念里，对于一个学生的评价往往局限于成绩这个指标。但是随着时代的发展与人们对学生核心素养的关注，老师们渐渐感受到，青少年的发展是多元化的，那么对青少年的评价自然也应该是个性化、多角度的。团结、守时、关爱集体、积极参加体育锻炼等评价标准让老师们意识到每个孩子都有自己的闪光点，都有可以被挖掘的潜能，都有可塑造的空间。

3. 家校关系的改善

在以往的家校关系中，有时存在着互相之间由于缺乏沟通而互不理解的情况。但是通过此次个性化定制评价活动，老师能够及时了解学生的家庭情况及成长历程。结合孩子们个性化的家庭实际情况，老师们可以分析、理解孩子们在学校的行为举止成因，进而定制出有针对性的指导方法。相对应地，家长们可以根据孩子每项指标的得分及师生的评语，及时了解孩子在学校的情况，针对不理想的地方给予关怀。如此，家校得到有效的沟通，家校关系更加和谐，也更加有助于学生的个性化成长。

德国哲学家莱布尼茨说过："世上没有两片完全相同的树叶。"物种是有其多样性的，人也是有各种式样的，正值青春期的少年们更是如此。大连市第七中学"我是那颗独特的星"个性化定制评价活动基于每一个学生的情况，立足于每一个学生的发展需求，力求通过个性化评价，让每一个孩子正确认识自己，也希望孩子们能够在七中的沃土上，成长为最优秀的自己。

（本文为学校尝试评价改革的阶段总结）

基于 3D 打印的主题学习实践

今年是建党 100 周年，我们创新形式，开展基于 3D 打印的主题学习，用更加鲜活的方式帮助学生深刻理解百年党史中的巨大成就。

一、基于实际，确定主题

在学校开展各种形式的党史学习过程中，3D 打印小组的同学和老师一直在思考：能否用 3D 打印技术呈现建党百年的巨大成就呢？指导老师李艳慧将这个问题提交到学校，希望得到学校其他老师的支持。学校教研核心团队展开讨论，首先明确用 3D 打印技术来呈现建党百年的成就是非常好的创意，可以以主题活动的形式开展。于是，师生共同研究确定以"童心绘制百年党史"为主题，以有创意的 3D 打印笔和 3D 打印机作品呈现建党百年的巨大成就。

二、组建团队，明确分工

主题学习会涉及不同学科的内容，需要综合应用多学科知识。在我们的主题学习中，百年党史的巨大成就需要历史、道德与法治学科的社科知识背景，基于 3D 打印的主题学习需要数学学科的建模思想、物理学科的力学原理、信息技术学科的技术保障、美术学科的作品呈现，作品展示时语文学科的口语表达指导。汇集了学校大多数青年教师的指导团队组建起来了，大家明确各自的分工及在不同的阶段应该承担的指导任务。学生团队则由学习成绩优良、学习态度端正，学有余力且对信息技术有兴趣的学生组成。

三、收集资料，制定方案

学生利用业余时间广泛收集党史百年相关内容，了解建党 100 年来的发展和成就。在资料收集和整理过程中思考：怎样可以用 3D 打印作品呈现建党百年发展历程。3D 打印的特点是：无须机械加工或任何模具，就可以制造出传统生产技术无法制造出来的外形。因此，3D 团队确定思路——创新设计 3D 打印作品，展示百年发展历程。

四、自主设计，团队协作

学生依据自己的实际能力，分两大组开展活动，一组运用 3D 打印笔，设计，绘画，将作品由平面转换成立体。另一组利用建模软件，建模，实体打印，呈现作品。

活动前准备：教师提供课程学习的网站；可供参考的 3D 打印教材；用于绘图 / 建模的计算机；打印笔 / 打印材料；打印机 / 打印材料。

活动过程：

1.创建小组。学生两人或三人组成一个小组，开展小组讨论，进行作品构思。

2.小组成员分工，开始自主设计，完成创意。

3.在自主设计过程中，学生完全自觉完成，他们在使用软件过程中有不明白的地方，可以自己上网学习，也可以咨询老师，共同解决。

4.小组内不断推翻原来的设计，一遍遍修改草图，直到他们满意为止。

5.用打印笔将设计内容打印，拼接，形成作品；或者将模型用打印机打印出来。

作品呈现。两个大组的作品全部完成。学生的 3D 打印笔作品：神舟十二、蛟龙号、和平年代、建党纪念碑、百年礼赞等；3D 打印机作品：生命号医护救援车、红船—航母、蒸汽火车—高铁等。特别值得点赞的是"神舟十二"3D 打印笔作品，它很好地运用了力学原理通过结构连接，是个外形漂亮、结构稳定的模型作品。还有"红船—航母"作品，很好地将 1921 年的红船和 2021 年的航母结合。学生们在一件作品中完美呈现了建党百年的巨大成就，更为重要的是，在作品建模过程中，虽然航母舰舷的设计很难，需要多学科知识融合，需要无数次实践，才能最终被完美设计出来，但是徐子豪小组认真学习，反复实践，不断完善，最终完美呈现。连 3D 打印的专业人士都直呼做不到这么完美。

五、点拨引导，修正完善

在学生活动过程中，团队的老师们一直在候场，当学生需要帮助的时候，他们会给予技术和信息支持。

道德与法治老师和历史老师会帮助他们把关，作品体现的历史是否准确；在建模过程中遇到问题时，数学老师会帮助学生进行分析，调整思路；物理老师会在打印笔作品拼接过程中，指导如何确保作品的稳固；美术老师会在作品的颜色、形状的美观方面提出建设性意见；而语文老师会在学生进行作品展示和答辩准备过程中，帮助学生运用最准确的语言、最恰当的逻辑展示和答辩。

老师们还会在主题学习过程中进行检查和监督，防止发生无法弥补的错误和资源的浪费。

在对学生进行指导的过程中，团队的老师们也需要查阅文献，进行资料整理，在建模过程中与学生一起动手实践。李艳慧老师也创造了自己的3D打印笔作品《红心向党》。指导的过程也是教师跨学科发展的过程，主题学习实践过程也是青年教师团队成长的过程。

六、成果展示，评估检测

展示是最好的评价。学校为学生搭建立体的多方位的展示成果平台，展示学生的独特设计、任务成果，畅谈收获和感受。

展台展示。学校专门设计展台展示学生的设计作品，并创造机会让设计者向全校老师、同学及来宾进行作品介绍。

视频展示。在校园电视上展示每个小组的作品及他们的作品介绍。

网络展示。将主题学习小组的活动过程及成果制作成视频在学校快手账号上播出；将学生获奖的好消息在校园网站上分享；将学生活动的过程制作成美篇，在朋友圈分享。

参加比赛。鼓励小组成员参加市区级比赛，展示自己的创意和作品。

展示的过程，也是评估检测的过程。在不同形式的展示中，小组成员开始反思：自己的作品被认可，被赞扬，优点是什么；作品不是特别出彩，还有什么可以改进的地方；在进行作品介绍和答辩时，自信的表达方面还有哪些可提高的地方，等等。

在本次基于 3D 打印的主题学习过程中，教师抓住学生生活中的鲜活场景——百年党史学习活动，创造条件让学生产生精彩观念，指导学生动手实践，合作探索，不断完善，成果展示。主题学习帮助学生实现了学习内容的综合化，使得学生在不同的学习内容之间建立有意义的连接；强化了学生对学习内容的深刻理解，帮助他们获得整体、全面的知识；调动了学生学习的兴趣和参与的积极性；培养了学生的问题提出意识和问题解决能力；培养了学生的批判思维能力、反思能力和高阶思维能力；培养了学生的团队意识，提高了学生的协作学习能力。

通过主题学习，教师也深刻地理解：学习方式的转变，更能够调动学生学习的积极性，培养学生的创新能力，同时在任务完成过程中，帮助学生深刻理解一名优秀的中学生应当承担的社会责任。

在 3D 打印的路上，我们是后来者，我们是学习者，我们是真实的实践者。我们期盼通过这样的主题学习，帮助学生拥有梦想，因为有梦想，就可以活得更精彩；我们期盼通过这样的主题学习，帮助学生学会思考，因为会高层次思考，才会有完善的人格；我们期盼通过这样的主题学习，帮助学生学会探究，因为会持续探究，才会有解决真问题的能力；我们期盼通过这样的主题学习，帮助学生学会团队协作，因为一人行速，众人行远。基于本次主题学习的特殊性、对设备的要求、对器材的需求，虽然我们有 30% 的学生参与活动设计和实践，但我们让 100% 的学生参与展示与评价。随着经验的积累，主题学习内容的更新，我们会将 3D 打印课程做得更加充实，参与面更广，实现学生全面和谐发展、自主发展和个性发展。

我们的"超越教育"就是超越昨天，做更好的自己。学生成长，教师发展，学校品质提升将是我们永远的追求。

（本文为在区域暑期干部例会上做的主题交流）

发挥项目化学习在提升
学生创新能力中的"催化剂"作用

项目化学习是一个热词。它的内涵和外延也在实践中不断地延展。但真实、复杂、实践、协作、成果、迁移是不可或缺的关键要素。无论学生的学业背景如何，无论所处环境怎样，他们的现实生活都会遇到具有挑战性的复杂问题，如果学校能够通过项目化学习帮助学生掌握正确的思维方式，培养学生解决类似问题的能力，那么，一个"树人"的"小目标"就实现了。

项目缘起：基于现实需要和区域实践引领

七中的校徽是深邃的夜空下闪亮的北斗七星。七中是一所小学校，学生数量少，外来务工人员子女占较大的比例。但是"小苔米也要开花"，如何让七中的每颗星都发光，我们在尝试不同的路径。3D 打印技术作为工业制造 4.0 时代的首要技术，越来越被重视，而且从学生未来发展的角度考虑，掌握这项技能，一定会对未来生活产生重要影响。基于学校年轻教师乐于探索实践，同时还有校外资源支持的条件，我们开始了 3D 打印项目的创建。

《中国教育现代化 2035》中提出"创新人才培养方式，推行启发式、探究式、参与式、合作式等教学方式，培养学生创新能力与实践能力"，而"项目化学习是一个改变学习方式的生动实践"。我们区也在大力推进项目化学习，我们聆听了专家的专业培训和指导，了解了项目化学习的内涵和核心要素，区域内早期实践的学校也给我们提供了样例，我们更有信心开展基于 3D 打印的项目化学习。

实践历程：坚持目标导向和结果导向

项目化学习的目标是培养学生的跨学科素养。我们期望通过项目化学习帮助学生在数学学科的建模思想，历史学科的社科知识，美术学科的作品呈现，语文学科的口语表达、自信心、创新意识、创新能力等方面有所发展。因此项目化学习教师指导团队汇集了学校大多数学科的青年教师。项目开始阶段，参与的学生大多是学习成绩优良、学习态度端正、学有余力且对信息技术有兴趣的学生。他们从了解 3D 打印技术的历史、原理、发展以及应用开始，慢慢产生兴趣，在老师指导下，先从 3D 打印笔的使用开始，设计，绘画，将作品由平面转换成立体。接下来从建模软件学习开始，建模，实体打印，呈现作品。在项目化学习过程中，多学科参与，团队协作，学习的过程也是目标实现的过程。

项目是学习的载体，目的是让学生带着共同的志趣聚在一起，通过完成项目任务过程中的相互交流、协作、互补，完成思想的碰撞、学习的交流和成果的表达。在学习过程中，教师抓住学生生活中的鲜活场景——抗疫前线、建党百年、神舟飞天，创造条件让学生产生精彩观念，指导学生动手实践、合作探索、不断完善、展示成果。通过项目化学习，学生敢于尝试了；在不断地尝试中，学会解决问题的方法了；在合作探究中，体会到团队的重要性了；在实践中，理解不同的学习方式对自己成长的影响了。学生的创新能力也有精彩展现，他们已经能够将 3D 打印笔和 3D 打印机两种技术有机融合，结合实际生活需要，创造出更有创意的优秀作品。

成果呈现：有创意的作品，有自信的学生

在第十九届全国信息技术创新实践大赛中的"童心向党"3D 打印大连特色赛和西岗区中小学"3D 打印笔书写百年情"等国家级、省市级 3D 打印中小学竞赛中，我校提交的作品——《抗疫救护车》《红船—航母》《蒸汽火车—高铁》《建党百年神舟十二》等，无论从创意还是作品的呈现，都赢得评委的肯定与赞扬。在 3D 打印项目学习中，学生们学会用多元角度观察问题，条理

躬耕笃行　潜心育人

清晰地分析问题，并能在小组内相互配合，积极解决问题，尽己所能去解决生活中遇到的问题。在解决问题的过程中，深刻理解一名优秀的中学生应当承担的社会责任。

我们学校的培养目标是：有自信，有好习惯，会合作的合格中学生。3D打印项目化学习帮助学生在学习过程中养成深刻思维、高层次思维的好习惯；在团队共同解决问题的过程中，学会合作；在作品呈现、面向专家陈述的过程中树立自信心。

实践感悟：项目化学习记录幸福的教育故事

在项目化学习中，"想"都是问题，"做"才是答案。在不到两年的时间内，七中的老师和学生们克服困难，在项目化学习中共同投入激情与智慧、时间与精力，在学习、实践过程中记录下一段段幸福的教育故事。项目初始，我们没有软件程序，是校本课老师友情赞助的；学生计算机运行太慢，老师们贡献了自己的办公电脑；学校没有打印笔，劳技中心提供了帮助；没有耗材，计算机老师找朋友赞助；没有3D打印机，我们请求校外资源支持；技术上有困难，请求素质中心帮助；发展过程中，项目得到教育局领导肯定与鼓励；教师和家长共同陪伴孩子参加比赛，在赛场外满怀期待；在学校表奖会的红毯上，"金点子"获得者与家长自豪地一路前行……这一桩桩、一件件感人的故事将永远留在孩子们的心间，一段段幸福美好的教育教学故事真正蕴含着"信任汇聚力量，超越成就梦想"的办学理念。

在3D打印的路上，我们是后来者，我们是学习者，我们是真实的实践者。在我们学校，还有类似的项目化学习："我是那片独特的叶子"项目、"教师节我为老师颁奖"项目、"儿童节优秀学生表奖"项目、"主题游学"项目等。我们期盼通过这样的项目化学习，帮助学生拥有梦想，因为有梦想，就可以活得更精彩；我们期盼通过这样的项目化学习，帮助学生学会思考，因为会高层次思考，才会有完善的人格；我们期盼通过这样的项目化学习，帮助学生学会探究，因为会持续探究，才会有解决问题的能力；我们期盼通过这样的项目化学习，帮助学生学会团队协作，因为"一人行速，众人行远"。一路走来，教师学生相互学习，共同成长，教师在指导学生的实践中也高水平地成就了自己。

我们的"超越教育"就是超越昨天，做更好的自己。学生成长，教师发展，学校品质提升将是我们永远的追求。

（本文为学校项目化学习阶段经验总结）

躬耕笃行　潜心育人

科学管理　减负提质　助力成长

教育部办公厅《关于加强义务教育学校作业管理的通知》下发后，我校高度重视，积极行动，全面落实。在落实过程中，我们先思考这些问题：

引子——如何让 90 分钟内涵更丰富？

1. 如何充分挖掘学生潜力，让作业效益最大化？

2. 分层布置作业，分层的依据是什么？

3. 作业如何分层才更加科学有效？

4. 课后服务期间如何对学生的作业进行监控与管理？

经过认真的思考与实践，我们明晰了作业完成的目的、作业布置的标准，确定了作业管理的措施。

一、限时完成，实现作业效益最大化

依据我校实际情况，我们提出学生完成作业四保证：

1. 保证学习环境安静。家长必须保证孩子有独立的、安静的学习空间。

2. 保证独立完成。杜绝使用作业帮、微信群共享答案。

3. 保证书写规范。字迹工整，条理清晰。

4. 保证充分利用 90 分钟。鼓励有条件的同学挑战完成不同类型作业。

二、系统研究，实现作业减负提质

教师是作业管理的核心，结合实际，我们确定教师布置作业五必须：

1. 必须教研组共同研究。每周一次的大组教研活动对各年级的作业布置设专题研究，同一教研组教师共同研究不同类型的作业习题选择是否合理，学科作业量是否适度以及与中考的考点是否贴切。

2. 必须复习巩固核心知识。依据本节课教学目标、核心知识点、必备能力，确定作业的内容和形式。

3. 必须分层布置（个性化布置）。将学生作业分为基础类、拓展类和选作类，不同层次的学生根据自己的实际情况来选择完成不同层次的作业，保证学困生吃得下，学优生吃得饱。

4. 必须帮助学生举一反三。确保作业有典型性，教师研做，将最有代表性的题目确定为作业题，帮助学生实现融会贯通，灵活运用。

5. 必须全批全改。设立作业批改记录单，合理监控学生作业完成情况，在全批的基础上，进行个性化二次批改，特殊学生三次指导，确保不同层次的学生都能通过课后作业达到复习巩固的目的。

三、精细管理，实现作业科学规范

精细管理是实现减负提质的有力保障，我们努力实现作业管理六坚持：

1. 坚持了解真实情况。对教师、学生和家长进行调查问卷，了解学生、家长对目前家庭作业的看法及教师对作业布置的思考，掌握对作业布置调整的第一手资料。

2. 坚持发现问题及时干预。针对调查问卷反馈的情况，由年级主任和班主任老师对各班级经常超时完成作业的学生进行个别谈话，并积极与家长交流，查找超时的原因，并要求任课教师对此类学生进行个性化作业布置，尽可能减轻这部分学生的课业负担。

3. 坚持搭台促教师发展。学校开展智慧课堂——同课异构、同班异课主题教学研讨，促进教师间相互学习，有效自我反思，不断提高课堂效益。借助研训教师专业指导，评课环节专门进行作业设计研讨，了解他校成功经验，及时取长补短。

4. 坚持教育助学生成长。学生在作业完成过程中有抄袭现象，于是学校开展诚信主题教育，倡导诚信从独立完成作业开始。

5. 坚持家校沟通有效。学校设立校长信箱，公布网络联系渠道，并将教导

躬耕笃行　潜心育人

处电话设置为家长咨询电话，学校第一时间了解学生和家长的需求和疑虑，做到及时解答和处理。

6. 坚持集团校优势互补。学校设计作业布置监控表、试卷印刷申请表，由年级主任把控教师印刷试卷的数量和质量，我们还借鉴集团校三十七中的做法，设学生作业记录反馈单，对学生当日作业完成情况、时间进行记录，对超时完成的原因进行分析。

四、超越自我，实现作业助力师生成长

减负提质是为了教师更专业，为了学生更健康。

1. 抓住契机，实现课堂高效。这次省市区关于作业管理的严格规定，对教师的专业发展提出更高的要求，减负的核心是提高课堂教学效益。40 分钟课堂必须实现：目标明确、活动科学、练习适当、评价精准。课后作业的有效布置是课堂的延伸，是减负提质的关键，教师必须更新观念，躬身实践，互相学习，不断完善，真正实现教学设计关注每一个，课堂教学关注每一个，作业设计关注每一个。

2. 学会学习，实现自我超越。在学校生活中养成良好的学习习惯是提升学习效率的有效途径之一。课后服务时间，学生在教师指导下，从完成作业的顺序到作业时间的分配进行个性化选择，实现作业效益最大化。学校开展"最美作业"评比活动，每个学生按照作业评价标准，通过自评、互评、自我反思，实现自我反馈，自我评价和修正。

减负是为了使学生更健康成长，减负也是促进学校内涵发展的契机，本次对作业管理的严格要求对我校来说是机遇更是挑战，我们会更新观念，踏实实践，不断反思，及时调整，努力实现减负提质。

（本文为在区域干部例会上做的专题交流）

附录：不负遇见

爱和奉献

　　孩子是国家的未来，更是父母的希望，现在的大多数家庭都只有一个孩子，谁都希望自己的孩子有一个美好未来，能够成就自己的事业。因此，每一个家长对学校、老师、孩子都有着极高的期望，特别是初中生的家长。因为，初中时期在一个人的一生中起着至关重要的作用，而每一个初中生又都面临着初一阶段小学升初中的不适，初二阶段青春期的动荡，初三阶段人生道路的选择等重大困惑，再考虑到我国目前的教育体制，初中教育的重要性就不言而喻了。我相信，每一个家有初中生的家长对如何教育孩子都有着许多的困惑和不安。我和孩子都很幸运，进入了三十四中这样一个治学严谨、校风纯朴的学校，进入了二年四班这样一个充满朝气、比学赶帮的优秀集体，这一切都得益于充满爱心的班主任——于兰老师。

一、对班主任工作和学生倾注满腔的爱心

　　人们常用春蚕、蜡烛来赞誉老师，用"人类灵魂的工程师"和"从事太阳底下最光辉的事业"来颂扬教师，这是对教师工作的高度评价，也说明了教师工作的艰辛及重要。而今担负着教育与教学双重任务的班主任老师更是当之无愧的"人类灵魂的工程师"，因为班主任面对的是五六十个同学，既要管他们的学习、生活，还要管他们的思想，事情繁多、杂乱。所以，做好班主任工作并使之有成效，其唯一秘诀就是"爱"，唯一的途径就是"奉献"。

　　首先，一个优秀的班主任，必须有为教育事业无私奉献、甘为人梯、乐为人梯、善为人梯的精神；一个优秀班主任要有松树的风格、蜜蜂的精神、蜡

烛的品格，用自己崇高的道德风范和敬业精神教育引导和影响学生；最重要的是要对班主任工作无比热爱，它是当好一个班主任必须具备的先决条件。众所周知：当我们对某项工作或某件事情缺乏兴趣和热情时，是难以将这项工作做好的。记得在孩子刚上初一的第一次家长会上，于兰老师饱含深情地对所有家长说："我知道孩子对于每一个家庭来说意味着什么，我接受了二年四班，就是接受了挑战，学校把一个班交给我，家长们把自己的孩子托付给我，同学们的前途和命运都寄托在我肩上，天下难道还有什么比这更重要更有意义的事业吗？我一定不辜负家长的期望。"两年来，于兰老师刻苦自励，以自身素质的全面提高和发展去指导学生，从不放过任何一个学习的机会，虚心向老教师求教，向家长咨询，不断在实践中摸索总结，全身心地投入到班级工作中去，将工作做得细致扎实；两年来，于老师以独特的教学风格、活跃的课堂气氛、过硬的业务水平，得到社会、学校、学生的认可，成为西岗区优秀青年教师；两年来，无论是冬夏春秋，于老师总是最早到学校的人，晚上走得最晚的人。早晨我为了让女儿能休息好，总劝她"不用去那么早"。"老师早就到教室里了。"女儿的话让我深深感动，我明白早晨的时间对于一个 10 岁孩子的母亲、一个妻子来说是多么紧张，一天容易，若天天如此，这需要多么坚强的毅力才能坚持下来；两年来，于老师对工作的热情、积极向上的人生态度，感动着家长，对学生的人生观也起着积极的作用。

其次，热爱学生，关爱每一个学生是教育好学生乃至当好班主任的必要前提。苏联教育学家苏霍姆林斯基说过，教育者最可贵的品质之一就是人性，对孩子们深沉的爱，兼有父母的亲昵温存和睿智的严厉与严格要求相结合的那种爱。热爱和保护学生是班主任的神圣天职，是合格班主任的必备素养。正处于青春断奶期和性格形成期的中学生，就好比一棵棵苗壮成长的幼苗，需要健康成长所必备的阳光、雨露。如果说家长生活上的呵护是雨露，那么班主任的爱就是照耀他们成长的阳光。班主任只有将自己的爱毫无保留地献给学生，每一棵幼苗才能长成参天大树，每一个班级才会成为一片绿色的森林。

1. 生活上给学生更多的关怀

班主任应该是学生精神上的导师，是爱的承继者和传递者。严格管理，建立良好班级秩序是班主任的工作内容，这在教育界已形成共识。于老师尽情发挥女性特有的慈母之爱，将这种"严格"建立在"关爱"之上，发挥更大的管理效能。每到雨天，她总会在晚上提前放学，让同学早早到家；下半学期的家长会总提醒家长让孩子多穿衣服，防止感冒，每到学生体育课，课前提醒学生们把厚衣服脱掉，课后再让学生赶紧穿上；学生病了，老师亲自与在医院工作的学生家长联系……这些细小的言行，拉近了老师与学生的距离，让学生感觉到了"爱"。

2. 与学生平等交往，真诚相待，赢得学生的尊重、信任、理解和爱戴

马克思曾说过，只能用爱来交换爱，只能用信任来交换信任。当今中学生思维活跃，独立意识和创新意识极强，他们不满足于老师对他们学习、生活等方面的关爱，更希望老师能"蹲下身来"，改变居高临下的状态，重视他们的感受，倾听他们的意见，真诚地与他们交往，做他们思想上、志趣上的朋友。正是基于这种认识，在平时，于老师始终把自己置身于学生当中，与学生一起参加班上活动，课间一起跑步，课余经常找学生谈心，学生交给语文课老师的周记也经常去翻一翻，了解学生的思想、学习、生活等方面的情况，征求学生对班干部及老师工作的看法，请学生就如何抓好班风出谋划策，与学生谈自己的生活及学习经历，与学生聊天说笑话等，对学生发自内心的关心和爱护拉近了学生与老师之间的距离，让他们心中有话敢对老师说，犯了错误敢在老师面前承认，班上不管出了什么大小事情，随时有人会及时向老师汇报，这不仅有利于老师及时了解班上同学的思想动态、喜怒哀乐、行为举止，而且对班内情况也能做到了如指掌，在开展班级工作时得心应手，这就是于老师的"诚心"在发挥作用的结果。

教师爱学生，一般来说，对那些品学兼优的学生是容易做到的，而对那些顽皮、学习困难的学生就不那么容易做到。于老师就采用了"一帮一"的互助方式，发挥班干部和优秀学生的作用，让同学互相帮助、互相监督、共同进步。这样既帮助了那些后进同学，又形成互相帮助的良好班风。教育学生仅有严格要求是不够的，还必须讲究教育的方式方法，于兰老师就采用先对长处进行表扬，再对不足提出要求的办法，对后进生充分肯定他们的长处和优点，理解他

们的处境和感受，像父母对待子女那样在思想上、感情上与他们共鸣，家长会上不仅请学习好的同学家长介绍自己孩子的学习方法和学习体会，也请后来居上、总是进步的同学家长介绍自己孩子进步的感受和体会，这无形中对孩子及家长有着鼓励和鞭策，提高了孩子的自信心。这种做法也促进了家长的交流，得到家长的好评。

二、激励爱心，塑造良好班风

建立一个良好的班集体，营造健康向上的班风班貌，用环境约束人，用环境影响人，运用集体的作用和集体的意识形成一种强大的教育力量，对学生的成长具有很大的推动力，可以有效地提高教育成功率。如何营造健康向上的班风班貌，激发每个同学的爱心，让班级成为"爱"的海洋，让每个同学都感受"爱"的温暖，是每一位班主任老师努力追求的目标。而于兰老师是怎么做的呢？

1. 召开主题班会，由自豪而爱集体

刚上初一，老师就利用新学年入学教育这个良好时机请学生轮流上讲台作自我介绍，以了解学生的家庭情况、思想状况、个人性格、兴趣爱好、优缺点等方面的情况，获得了对班上每个同学综合了解最为重要的第一印象，为日后更好地发挥每个同学的优势和长处、因人施教奠定了基础。会上，于兰老师给同学介绍学校的优秀班风，介绍班级各位授课教师的辉煌业绩，介绍班级中优秀的学生，让学生感到能来到这样的班级学习是一种荣耀。然后再介绍学校的校规、校纪，班级的班训，班主任老师对这个新集体的要求和班级建设的目标，让每个学生在自豪之余，感到一种责任感、使命感，认识到努力的方向。

2. 培育学生特长，由自信而爱集体

每个学生都有其独立的人格特点和价值，不能幻想用一个截然统一的标准去"修理"个性千差万别的学生群体，更不能用成绩的好坏作为衡量学生的唯一标准。于老师注重每个同学的特长，看到每个同学的闪光点，让学生感觉到：虽然我不是最好，但我可以在某一方面比别人做得更好。班上马超、孙杰婷同学爱好美术，写得一手好美术字，于老师就让他们负责黑板报；车世远同学爱好音乐，于老师鼓励他参加学校艺术节，他自己作词谱曲的《二楼的日语老师》，在艺术节上感动得日语老师流下热泪；关国震、张哲等几名男同学爱踢足球，于老师让他们参加学校的足球赛，并叫全班同学都去为他们呐喊助威，虽然这场比赛他们输了，但他们感受到了老师和全体同学对他们的爱，他们更加爱这个集体了。

3.组织大型活动，由自律而爱集体

学校每学期都会以班级为单位组织各类大型活动。对学生们来说，能够代表班级参加活动，是一种成就；能够在活动中获得好成绩为班级争光，更是一种成就。因此，学生们都会很重视这样的活动，尤其是在文化课学习上有一定差距的学生。在参加这类活动时，于老师一方面精心准备，排出最佳阵容，争取取得好成绩；另一方面又有目的地让几位重点教育对象参加活动，并让他们感到参加活动的机会来之不易，从而严格要求自己，努力为班级争光。由于准备充分，学生踊跃参与，通过活动调动了每一名同学的积极性，大家都有一种"军功章里也有我的一半"的成就感，因而更加珍惜班级所取得的荣誉，在平时言行中努力约束自己，不做有损班级荣誉的事。在这样融洽的班集体中，人人都有一种不懈的追求精神，虽然充满着竞争，但更多的是洋溢在师生之间、同学之间的尊重、理解、关心和友谊。

4.组织"爱心"活动，培养健康心理、塑造健全人格

"教育是立国之本"，那么育人就应该是教育之本，而育人的基础便是塑造灵魂，塑造爱心。现在的孩子在长辈们的关爱中长大，习惯了别人爱自己多于自己爱别人。怎样使孩子们关注社会弱势群体，对社会、对他人充满爱心呢？于老师就将主题班会办到养老院中，为年近古稀的老人们表演节目，陪老人聊天，给他们打扫卫生……这次活动为同学们上了一堂最好的"爱他人"的教育课，引导学生全面、健康成长。

教育是一个整体，家庭教育是其中的重要组成部分。当今孩子是家中的"小太阳"，每一个父母都对孩子关心到极致，但孩子对父母呢？一天，于老师布置一个作业，每个孩子都要在学校给父母写一封信，感谢父母对自己的养育之恩，同时要求父母回一封信，第二天作为作业交给老师。晚上，我看到孩子给

躬耕笃行 潜心育人

我的信，告诉我她是多么爱我，我很感动，一封回信写到深夜。我也很感激老师出了这样一个家庭作业，让孩子与家长很好地进行了一次心的交流，这种交流对于处于青春期的孩子是多么重要！

三、创设良好的教学环境，加强与任课老师之间沟通

班级是一个整体，各学科之间的协调配合至关重要。于老师对学生所学的各门功课都给予足够的重视，并充分发挥任课教师的作用，在工作上关心、支持任课教师，创设良好的教学环境，使任课教师心情愉悦，并及时妥善地解决学生与任课教师之间的矛盾。于老师不断鼓励本班任课教师并给教师适当加压，反馈学生对任课教师的意见和要求，经常邀请任课教师参加本班活动，使一个团结协作的教师集体产生神奇的力量，促进了学生的学习成绩的提高。

于兰老师以其强烈的事业心和责任感、对学生慈父慈母般的耐心和细心、对工作坚韧不拔的恒心，使我对她以及她所从事的中小学班主任工作充满了敬意，从她身上我看到一个优秀班主任所具备的优秀素质——爱和奉献。

（本文作者为 2005 届毕业生王迎紫家长 曲玮）

一睹名师风采

——跟岗学习心得

一睹名师风采，走进名师课堂，现场观摩学习，是每个年轻教师的心愿。这一次我非常荣幸地参加了在大连为期一个月的培训学习，更幸福的是被分配到西岗区三十七中学这样一个教学氛围浓厚、教师底蕴深厚的学校学习。在这一个月里，我真的收获颇多，我进一步地了解到教师职业的神圣，同时也感到自己身上责任的重大。通过这次培训学习，自己既有观念上的洗礼，也有理论上的提高，既有知识上的积淀，也有教学技艺的增长。

在三十七中学习期间，有幸的是于兰老师成为我的指导教师，从她的身上我学习到了很多有关英语教育教学的方法和技巧。于老师的英语教学有自己独到的地方，她每堂课都会循序渐进地引导学生对每个模块的话题发表合理的观点，形成简单的口头作文。在日常教学中，注重对学生英语思维的训练，从而慢慢地培养了学生用英语思维去想事情、做事情的能力。在此期间我也听了其他英语教师的课，每位教师都有自己各自的教学特色，这些都会对我今后的英语教学有很大的启示和帮助。

在该校学习期间，我还听了很多其他学科名师的课，纵观这些名师的课，我发现：他们没有刻意追求语言的华丽、课件的精美，更没有摆那些好看而不实用的花架子。教师完全是站在学生的角度去考虑，了解学生的起点，直面学生的教学现实。呈现在听课者面前的是常态课，不是形式上的东西。同时我感触更深的是该学校的集体备课，真的对教学有很大帮助。各学科的老师会在他们的集中备课中，各抒己见，取长补短，最终拿出一个统一的方案，形成学案运用到教学上，从而形成自身的教学特色。通过学习，我还了解到小组合作学

躬耕笃行　潜心育人

习并不是像自己以前所了解的那种形式上的学习方法，而是真正地可以帮助学生提高成绩的一种有效措施。

　　总之，在这一个月的学习中，我学到了很多，感受到了很多，收获了很多，名师扎实的教学基本功，广博的知识，驾驭、调控课堂的能力，独到智慧的教学设计等都给我留下了深刻的印象。我会把这次在该学校学习的经验，在回到学校之后分享给其他的老师，让他们也可以体会到三十七中这种朴实而实用的教学理论和教学方法，同时再运用到自己的教学中。教育需要一种可贵的坚持，在我今后的教学生涯中，我一定以这次学习为契机，把学习到的教学理念和教学方法运用到自己的教学实践中，努力向高水准看齐，不断提高自己的文化底蕴和业务水平，通过努力争取使自己的授课水平实现新的跨越，迈上一个新的台阶。

　　　　　　　　　　　　（本文作者为瓦房店市第二十九中学教师毕怡）

影响终身的老师

　　于老师是一位对待学生认真负责的好老师。于老师是从初一下学期接手我们班级的。当时班级刚经过重组，学生基础参差不齐。一些同学由于不太好的家庭环境或者前期缺少良好的行为习惯培养，导致学习习惯和学习能力较差。作为班主任，于老师对他们没有放弃，而是一对一地和他们谈心，找家长面谈，主动了解他们的实际情况和困难，有针对性地给予帮助和指导，帮助他们树立学习的信心和目标。老师对学生的这种正向引导，对十几岁的孩子来说，其影响是终生的。作为我们的英语老师，于老师教学有方。虽于老师当时只有30岁出头的年纪，却有着丰富的教学经验，在教学中突出重点，同时兼顾知识拓展，满足不同层次学生的要求。除了在课堂上把课讲好，为了帮助同学强化记忆，于老师还经常利用早自习和晚自习，给同学做听写和答疑。近三年的教学为我们打下了牢固的英语学习基础，对我们后来的学习帮助很大。初升高考试，我们全班的英语成绩比入学时有了大幅提高，同时，我们班的重点高中升学率在同年级班级中也处于中上水平。这对一个原本基础较差的班级来说是个很大的进步，这个成绩也倾注了于老师的很多心血，我们都非常感激老师当年的辛苦付出！

　　除了关注同学学习成绩之外，于老师也十分关心同学的全面发展，鼓励我们参加各种竞赛和活动。同时，于老师也很关心学生的生活。对家庭困难的学生，她总是主动关心和帮助。总的来说，我们很感激在学习生涯中遇到的于老师。最后，祝于老师工作生活愉快，桃李满天下！

（本文作者为1999届毕业生宋晓芸）

躬耕笃行　潜心育人

教师如烛，师德如光

教师如烛，师德如光，足以照亮人间。于兰老师就是这样一位让家长们敬重的老师。为学生传道授业解惑所付出的心血，家长般用心呵护每个孩子的温暖，言行一致洁身自好的正气，处处诠释着何为为人师表、行为世范。家长会上她如数家珍地点评着每个孩子的优缺点，满满的都是对孩子的爱和耐心；出类拔萃的英语教学背后是她的精益求精和勤奋，她用言传身教影响着初中阶段孩子的世界观价值观的形成。我的儿子是个不善言辞、缺乏自信的孩子，于老师善于发现他身上的闪光点。在她的鼓励和赏识下，我的儿子成为英语课代表，找回了自信，成为优秀的自己，也奠定了他一生的工作和奋斗的基础。

感谢于老师，天涯海角有尽处，只有师恩无穷。

（本文作者为 2005 届毕业生栾海家长）

有老师在，我的人生就不会迷茫

　　于我而言，于兰老师不仅是严师，更是慈母。刚与老师接触的时候，老师对我非常严厉，甚至苛刻，所以我非常害怕她。然而她雷厉风行，给人一种英姿飒爽的感觉，没过多久，我就被她深深地折服。印象中，她总是干劲十足，每时每刻都在忙碌。久而久之，她的学生们也变得忙碌起来，似乎是老师身上有股强大的气场，影响、感染、熏陶着每一个学生。于兰老师的严格，不只是对教育的高标准，更多是对人生态度的高要求！老师常说，得先学会做人，踏实，有干劲，刚强。她总是用最直接的方法教书育人，一言一行总叫人豁然开朗，又意味深长。老师曾多次与我谈心，每一次单独谈话，我都尤为珍惜，因为每次谈话都令我受益匪浅，都能让我拓宽眼界，升华灵魂。小到学习成绩，大到人生理想，恍惚间，似乎是慈母的光辉，让我心神安宁。她的慈爱很难察觉到，或者说总是让人后知后觉的。很多同学习惯于她的雷厉风行，却不知道她为了我们这些学生操了多少心。无论是对我们学习上的教导，还是心灵上的熏陶，她在乎每个人的想法，关心每个人的感受，总给人一种熟悉的感觉，就像是生活在一起很久的家人一样。虽然我现在已经毕业了，但是每每遇到挫折，无论大事小事，我都愿意与老师分享；每逢节日，我都会为老师送上祝福。因为我知道，有老师在，我的人生就不会迷茫！

（本文作者为 2017 届毕业生丁一真）

　躬耕笃行　潜心育人

我们永远的 Ms. Yu

于兰老师平时上课幽默风趣，不仅教会学生课本知识，还会再扩展和延伸一些西方国家礼仪文化的内容。作为副校长，她平时校内的工作已经很忙了，但是她从没有耽误对班级孩子们的辅导。孩子回家说，为了尽快反馈作业情况，于老师经常在教室后面站着批改作业，孩子们都心疼老师；于老师还会在放学后利用自己的休息时间对学习有困难的孩子进行个别辅导；日常教学中，于老师对每个孩子有针对性地提出不同的要求，令每个孩子都能不同程度地提高，增强了学好英语的自信心。她和家长建立了良好的关系，帮助家长了解孩子，正确地看待孩子在成长过程中的问题，更好地帮助孩子健康成长。于老师是一个有责任心、有职业责任感的好老师，是孩子们的朋友，是家长们的良师益友，是我们永远的 Ms. Yu。

（本文作者为 2020 届毕业生臧风哲家长）